와룡동의 아이들 2

와룡동의 아이들 2

초 판 발행 2007년 12월 17일
개정판 발행 2025년 8월 4일

글·그림 전하리

펴낸이 전미경
펴낸곳 전하리출판사
주소 서울 성북구 선잠로2길 18-16
전화 070-4065-0507 **팩스** 070-4065-0507
이메일 cloverjhr@naver.com
블로그 blog.naver.com/blessingluck2072
출판등록 제25100-2025-034호

디자인 인디자인
인쇄·제본 예림인쇄

ISBN 979-11-992798-2-7 04800
ISBN 979-11-992798-3-4(세트)

ⓒ 2025, 전하리

* 책값은 뒤표지에 표시되어 있습니다.
* 잘못된 책은 구입하신 서점에서 바꾸어 드립니다.

1970년대 유년 시절을 보낸 저자의 자전적 추억 에세이

와룡동의 아이들 2

전하리 글 · 그림

전하리 출판사

목차

01 하늘색 운동화   7

02 꼭꼭 숨어라   131

03 배추꽃 향기   265

작가의 말   372
추천의 글   375

하늘색 운동화 ①

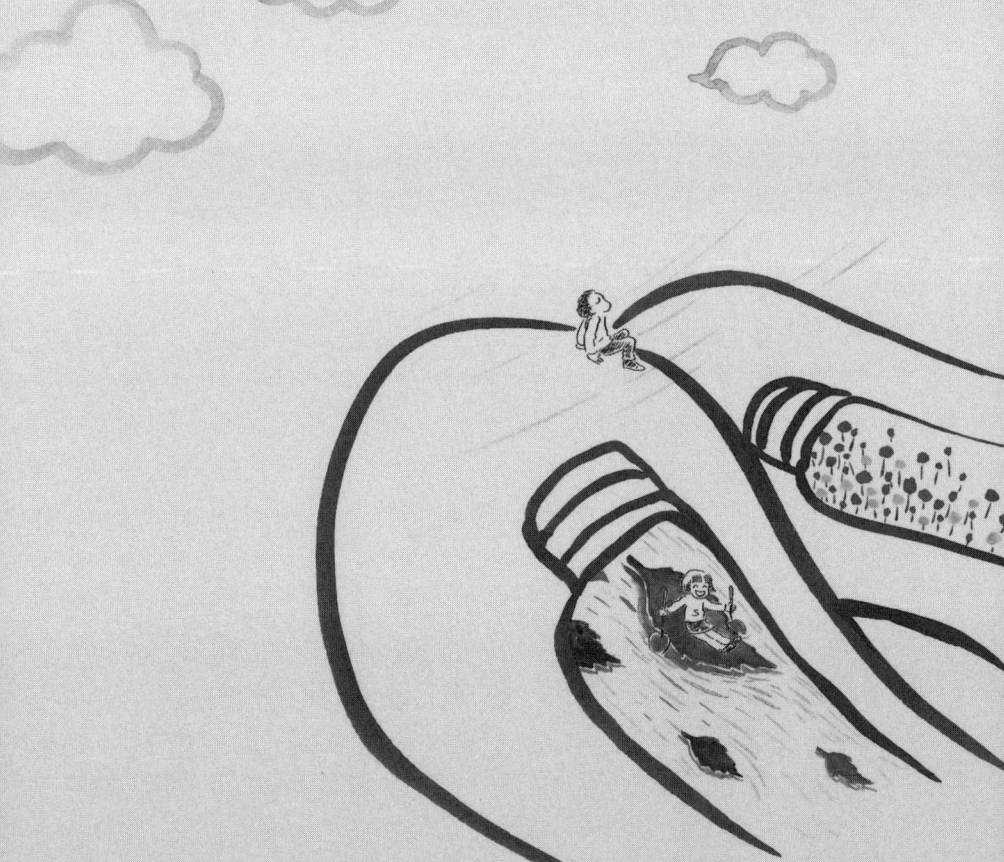

아카시아 푸른 나뭇잎이

명호네 집 지붕 위에 시원한 그늘을 만들던 오후.

좁은 마당 한구석 키 작은 채송화들도

육남매만큼이나 해맑은 얼굴로

옹기종기 모여 앉아 피어 있었다.

"오빠, 조심해! 살살…….

아까우니까 쪼끔만 깎아. 알았지?"

육남매 중에 장남인 명호를 자랑스럽게 바라보며
둘째 동생 미경이는 말했다.

"걱정 마! 오빠가 연 깎기 대장이란 걸 잊어버렸니?"

"히, 맞다!"
미경이는 방바닥에 엎드린 채
오빠 명호가 신문지 위에 쇳가루처럼 갉아 놓은 크레파스를
바라보며 연신 흐뭇하게 웃었다.

"난 역시 하늘색이 제일 좋더라!"
명호는 눈곱만 한 하늘색 크레파스를 하늘 높이 들고
행복한 미소를 가득 지었다.

"자! 다 됐다. 너 반, 나 반!"
"이제 우리 이 크레파스를
껌과 함께 씹어 보자!"

"난 하늘색!"
명호와 미경이는 반으로 나눈 하얀 풍선껌과 함께
팥알갱이만 한 하늘색 크레파스를 입 안에 쏙 집어넣었다.

"좋았어! 오빠, 난 노란색이야!"
미경도 덩달아 알사탕이라도 먹는 듯
마냥 행복한 표정으로 노랑 크레파스 조각을
입 속에 냬름 집어넣었다.

둘이는 툇마루에 앉아

누가누가 잘 씹나 내기라도 하는 듯

입을 크게 벌리며 열심히 풍선껌을 씹었다.

크레파스를 껌과 함께 입 안에 넣고
질겅거리는 오빠 명호와 언니 미경이를
셋째 미숙은 신기한 듯 쳐다보았다.

"오물오물. 오물오물."

"음, 눈을 감고 상상해 보니
하늘이 내 입 안에 들어와 있는 것 같아."
크레파스가 껌 속에 녹아들며
껌은 입 안에 눌어붙을 듯 부드러워졌고
껌 맛은 특유의 화공 기름 냄새에 달콤함을 잃어갔지만
명호는 하늘색 껌을 만든다는 사실만으로도 행복했다.

명호는 얼굴을 하늘로 향한 채
살며시 눈을 감으며 말했다.

"두고 봐, 미경아. 이 오빤
하늘처럼 커다란 사람이 될 테니까!"
"그럼! 오빤 꼭 훌륭한 사람이 될 거야."

파란 하늘에 가만히 멈추어 서 있던 하얀 솜구름이
명호의 커다란 꿈에 박수라도 보내듯
둥실둥실 하늘가를 맴돌았다.

"질겅질겅."
"짭짭짭."

명호와 미경은 서로 내기하듯 빠르게 껌을 씹었다.
미경은 한참을 씹던 하얀 껌을 늘여 뽑았다.
하얀 껌이 이렇게 노란빛으로, 또 하늘빛으로 변하다니!
둘이는 마술사라도 된 양 서로를 바라보며 흐뭇해했다.

"히히, 오빠!
우리 내일은 이 껌에다
또 다른 색깔 크레파스를 넣어 보자!"
동생 미경이는 자신의 껌이 노랗게 변하자,
오빠 덕분에 대단한 실험에 성공이라도 한 듯
뿌듯한 표정으로 명호를 바라보며 말했다.

명호와 미경이는 주변을 살핀 뒤, 약속이나 한 듯
낡아서 누렇게 바랜
벽 모퉁이에
비밀스럽게
껌을 붙여 놓았다.
언제나 자기 껌은
단물이 다 빠지기도 전에
아예 삼켜 버리는 둘째 미화가, 또 전처럼
자신들의 껌을 벽에서 몰래 떼내어 먹어 버릴까
걱정이 되었기 때문이다.

유난히
식탐이 많은
미화는
먹을 것만 보면
눈에 불을 켜고 달려들었다.
그런 미화를 볼 때면
명호는 미화가 꿈속에서라도
실컷 껌을 씹기를 바랐다.
아니, 이왕이면 맛있는 과자나 고기도
실컷 먹기를 마음속으로 빌기도 했다.
그러면서 혹시라도
내일 아침에
벽지 위에 붙여 놓은
껌을 미화가 떼어 먹는대도
미워하지 않으리라
생각했다.

몇 날 며칠을 씹어

삭아 버릴 듯 흐물흐물해져 검게 변한

콩알만 한 껌조차도 쉽게 뱉어 버릴 수 없던 그 시절.

멀리 남산 위로 쏟아질 듯 총총히 박힌 수많은 별은

새로운 내일을 기다리고 있었다.

"죄송합니다요, 선생님……."

이른 아침, 밝은 햇살이

유리알처럼 부서져 금빛 가루를 뿌리며

창호지 문틈에서 눈부시게 빛날 때였다.

명호는 순간 귀에 익은 목소리에 벌떡 일어나

엄마의 목소리가 들려오는 앞마당 쪽으로

작은 귀를 쫑긋 세웠다.

"매번 죄송합니다, 선생님.
육성회비 때문에 이렇게 집까지 찾아오시게 해서
뵐 면목이 없네요."
엄마의 목소리는 개미 소리처럼 점점 작아지고 있었다.

"명호 어머니, 힘드시겠지만
다음 주까진 꼭 육성회비를 내주세요.
저도 이런 말씀 드리기가 곤란합니다만……."
적은 금액의 육성회비조차 쉽게 낼 수 없는
빈궁한 살림이었다.

"꼭 좀 부탁드립니다."

담임 선생님과 엄마의 대화를
방 안 벽에 기대어
몰래 듣고 있던
명호는
자신도 모르게
눈시울이 뜨거워지는
것을 느꼈다.

'우리 집은 왜 이렇게 가난한 걸까? 왜…… 왜……!'

육성회비 내는 일로 담임 선생님이
초라한 자신의 집을 방문하신 것이
벌써 몇 번째인지 모른다.
장남이라고 자긴 늦게 내도 된다며 동생들에게
늘 육성회비를 양보했지만, 오늘 아침은 웬일인지
이 모든 현실을 이해하기도 싫고
가난한 집이 원망스럽게만 다가왔다.

"언젠가는 꼭 부자가 될 거야.

큰사람이 될 거야."

미래를 다짐하며,

이른 아침부터 붉어진 눈시울을 주먹으로 비비던

명호의 어깨는 소리 없이 흔들리고 있었다.

어려운 가정 살림에 학업을 중단해야만 했던 아버지도
명호처럼 장남이었다.
완두콩처럼 주르륵 딸린 동생들이
가난한 삶을 비관하며 혹여 학업을 중단하게 될까 봐
아버지는 자신의 꿈을 뒤로 하고
동생들 뒷바라지로 오랜 시간을 보냈다.

목수 일을 하며 힘겹게 살아온 아버지는

그 누구보다 성실했다.

하지만 순식간에 큰 재산을 잃고 시작된 서울살이.

그 가난의 굴레에서는 쉽게 벗어날 수가 없었다.

더욱이 자식 사랑이 극진하신 부모님이

그 사랑의 증거로 육남매를 둔 탓에

가난은 피해 갈 수 없는 외나무 길이었던 것이다.

터벅터벅

명호는 그렇게 자신의 현실을 생각하며

떨어지지 않는 무거운 발로

학교를 향하여 최대한 느리게

힘겨운 걸음을 걷고 있었다.

이미 아이들이 등교해 버린 느지막한 시간.
명호는 내리막길 중턱에 있는 학교 가는 길을
오르막 산길처럼 느끼며 힘겹게 걸었다.

"오늘은 정말 학교 가기 싫다……."
넓은 학교 운동장은 마치 누군가 눈가루를 뿌려 놓은 듯
하얗게 보인다.

"정말 가기 싫다. 그래도…….
지각만 안 하면 되지."
느릿한 명호의 발걸음 뒤로 느티나무의 푸른 나뭇잎은
명호의 무거운 마음을 외면한 채
햇살에 가볍게 일렁이며 은빛으로 환히 웃고 있었다.

"이번 주까지는 꼭 육성회비를 내주셔야만 해요."
선생님의 목소리가 쉼 없이
명호의 귓가에서 맴돌며 메아리쳤다.

'선생님을 어떻게 보지?
매번 창피해서 선생님을 어떻게…….'
힘없이 걸어가는 명호의 발걸음 위로
메마른 흙먼지만이 바람에 날려
검정 고무신 코끝을 하얗게 덮었다.

드르륵.
1교시 수업을 시작하는
종소리가 울릴 무렵,
드디어 교실 문이 열리고 담임 선생님이 들어왔다.

명호는 이른 아침 집 마당에서
엄마와 선생님이 주고받던 대화를 생각했다.
순간 얼굴이 붉어졌지만, 애써 감추며 차마 고개를 들지 못한 채
몽당연필로 가득 찬 파란색 필통만 매만졌다.
눈에 들어오지 않는 글씨를 보고 또 볼 뿐이었다.

'매번 육성회비를 꼴찌로 내는 나를
선생님은 어떻게 생각하실까?
내 이름을 부르시면 어쩌지?'
명호는 부끄러운 근심을
소리 없는 한숨으로 내보내고 있었다.

이제나 저제나 선생님이 자신의 이름을 호명하며
육성회비를 재촉할 것만 같은 생각에
얼굴을 들지 못하고 있던 명호는
목덜미가 뻣뻣하게 굳어버린 듯
작은 통증까지 느꼈다.

"이번 시간은 국어 시간이죠?
자, 모두들 63쪽을 펴도록!"

'와!'
'얏호!'
마음속에서부터 터져 나오는 외마디 환호성은
새장에 갇힌 새가 세상 밖으로 나온 순간 같았다.
선생님이 자신의 이름을 부르지 않고
곧장 수업에 들어가는 순간에야
명호는 무거운 마음에 굳어 있던 목덜미를
천천히 세울 수 있었다.

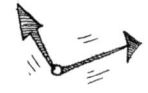

2교시, 3교시……

"째깍! 째깍!"

땡. 땡. 땡.
하루의 마지막 종소리가
넓은 운동장에 울려 퍼졌다.

아! 이 얼마나 기다리던 하교 종소리인가.

자신의 이름이 호명되지 않은 채 수업을 마치게 된 명호는
연신 하나님께 감사 기도를 드렸다.
4교시가 40일쯤은 되는 것 같은 힘겨운 시간을 보낸 명호가
서둘러 책가방을 꾸릴 때였다.
"얘들아!"
반상 신우가 재빠르게
교탁 앞에 섰다.
책가방을 꾸리던 아이들은
일제히 반장 진우를 바라보았다.

방과 후의 태양이 제법 뜨거워졌다고 느끼며 걷는
명호의 발걸음은 무겁기만 했다.
수업 시간 내내 가슴 졸이며 조마조마한 시간을 보낸 탓에
명호는 지쳐 있었다.
흙먼지 날리는 오르막 비탈길을 터벅터벅 걸으며
명호는 천천히 집으로 향했다.

덜컹!

"앗! 깜짝이야!"

집안 구석구석을 뒤져

밤낮 주워 모은 종이로

딱지를 접던 미경은 화들짝 놀랐다.

명호는

또 동네 또래의 사내 녀석들과

딱지치기를 할 미경이를 보고서도

무심히 스쳐 지나갔다.

그러고는 앉은뱅이책상 위에 가방을 털썩 내려놓고

미끄러지듯 주저앉았다.

여느 때와 다르게 먹구름의 그늘이 가득한 명호의 얼굴을
조심스레 살피며 미경이 살금살금
명호를 향해 다가가고 있을 때였다.

"좋았어!"
명호는 한껏 떨구고 있던 머리를
갑자기 번쩍 쳐들며 소리쳤다.

"아얏!"
갑자기 쳐든
오빠 명호의 머리통에
미경이의 턱이 탁 부딪쳤다. 미경이의 흔들리는 앞니가
빠질 뻔한 절묘한 순간이었는데…… 아뿔싸,
부딪치는 강도가 약했다.

"좋아, 좋아! 그러면 되는 거야!
내가 왜 그 생각을 못 했지?
그래, 그래. 이젠 됐어!"

"야호!"

미경이 놀란 가슴을 진정시키기도 전에
명호는 방문을 발칵 열고 뛰쳐나갔다.

삐―이―이―이

"어디?"

명호는 툇마루 한구석에 있는

아버지가 만든 나무 신발장 문을 조심스럽게 열었다.

신발장 문이 열리는 순간

상기된 얼굴의 명호는

마치 보석이라도 발견한 듯 기쁘게 웃었다.

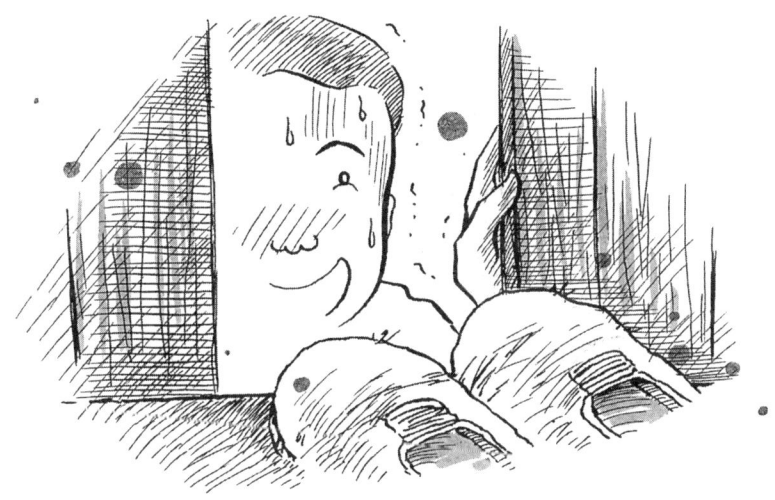

"여기 있었구나!
버리신 줄 알았는데!
다행이다! 정말 다행이야!"

자기보다 한 살 어린 여동생 미화가
얼마 전까지 늘 신고 다니던 빨간 운동화.
엄마가, 나중에 미경이가 신을 수 있도록
버리지 않고 신발장에 넣어 둔,
하지만 너무 낡아 실밥이 나풀거리고 구멍이 난
낡고 낡은 빨간색 여자 운동화를
명호는 덥석 집어 들었다.

"어…… 어디! 빨리 신어보자!"

명호는 초라한 빨간 운동화 속으로 자신의 발을 구겨 넣었다.

"새…… 생각보다 꼭 끼네."

낡고 낡아 하얀 날실과 올들이 여기저기 드러난 모습은
정말 형편없었다.

가난한 살림이었지만
키가 쑥쑥 자라는 미화의 신발은
매번 새로 살 수밖에 없었다.
덕분에 미경과 미숙은 신발 걱정을 하지 않아도 되었다.
언니 신발을 물려받아 신으면 되었기 때문이다.

"으…… 아, 아얏!
동생 신발이라서 그런가?"

명호는 구멍 나고 낡은 신발코 사이로
금방이라도 엄지발가락이 터져 나올 듯한 불안을 느끼며
좁은 앞마당을 뒤뚱뒤뚱 한 바퀴 돌아다녔다.

앞마당에서 뒷짐을 지고 왔다 갔다 하는 명호를
툇마루에 앉은 미경은 의아한 눈으로 바라보았다.

"오빠야가 도대체
왜 저러는 거지?"

기쁨을 가득 머금은 얼굴로
동공이 이글거리던 명호는
무슨 생각을 했는지
하얀 덧니를 드러내며 씨익 웃더니
번개처럼 방으로 뛰어 들어갔다.

앉은뱅이책상 서랍 안에서 무언가를 날래게 집은 명호는 조심스럽게 그것을 꺼내 들었다.

"저, 저건 내가 아끼는 몽당크레파스?"
미경은 심상치 않은 오빠의 행동을
그저 묵묵히 주시할 뿐이었다.

오빠는 서랍에서 꺼낸

하늘색 몽당크레파스를 오른손에 집어 들고

빨간 운동화 한 짝 속에 왼손을 집어넣었다.

오빠의 얼굴은 무언가 일을 저지르려는 듯

벌겋게 상기되어 있었다.

잠시 멍하니 하늘을 우러르던 오빠는

미화 언니의 운동화를 한동안 노려보더니

크레파스를 집어 든 손을 빨간 운동화에 갖다 댔다.

"오…… 오, 오빠!

언니야 신발에 뭘 하는 거야?"

언니의 낡은 신발을 물려받아

내년이나 내후년에 신어야 하는

미경이의 여러 가지 걱정을 아랑곳하지 않고

명호는 점점 속도를 내며

빨간 운동화에 하늘색 크레파스를 칠하기 시작했다.

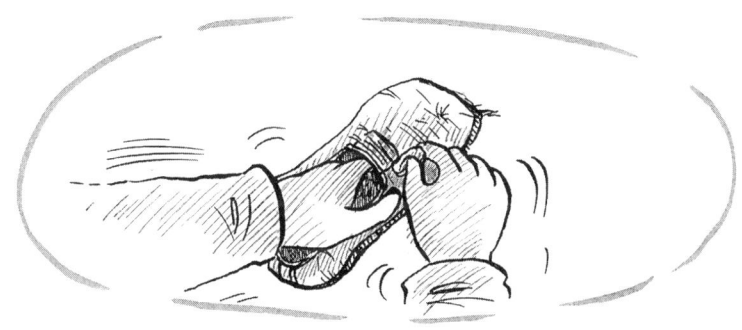

명호의 이마에 땀방울이 송글송글 맺힐 무렵,

빨간 운동화는 어느새 하늘색으로 변해가고 있었다.

"역시 난 하늘색이 좋다니까!"

미화의 빨간 운동화가 어느덧
명호의 하늘색 운동화로 새롭게 태어나는 순간이었다.

하늘색 운동화 67

명호는 하늘색 운동화를 손에 들고
나비처럼 날며 흥겨운 춤까지 추었다.
"최대한 멋지게 보여야 돼!
나 혼자만 검정 고무신을 신고 갈 순 없어."
빠듯하게 살림을 이어가는 엄마의 시름을 덜어드리려고
효자 명호는 늘 검정 고무신을 고집했다.

명호는 내일을 기대하며

한껏 부푼 가슴으로 잠을 청하려 눈을 감았다.

휘영청 밝은 달빛 사이로

명호의 하늘색 운동화도

댓돌 위에서 별빛처럼 하얗게 빛나던 그런 밤이었다.

거의 뜬 눈으로 하얀 밤을 보낸 명호가
최대한 멋을 부린 채
드디어 좁은 골목길에 발을 내디뎠다.

"아무도, 아무도 눈치채지 못하겠지?"
동생 미화의 빨간 운동화.

하늘색 가면을 쓴,
낡은 미화의 운동화를 신은 명호는
최대한 깔끔한 옷을 입고
한껏 매무새를 단장한 채 길을 나섰다.
꼭 끼는 신발을 신고 비탈진 흙 계단을
뒤뚱거리며 내려가는 장남 명호.
그 뒷모습을 엄마는 언제부턴가 가만히 지켜보고 있었다.

일요일 오전이라 한산한 동네 어귀에는
송이네 집에 사는 똥개 검둥이만이
꼬리를 살랑거리며 먹이를 찾아 킁킁대고 있었다.

멀리 학교 정문 앞, 반장 진우를 둘러싸고
저마다 멋을 한껏 부린 친구들이
재잘거렸다.

"야! 너도 오징어 배냐?"

아버지를 일찍 여의고
생선 장사를 하는 엄마와
단둘이 살고 있는 친구 영철이가
명호의 마른 배를 살짝 누르며 행복한 윙크를 보냈다.
"이 몸께서 어제 저녁부터
굶었더니 배가
등에 붙었다구!"

영철이는
　썩은 이를 드러내며
　　마냥 행복하게
　　　웃었다.

어느덧 명호와 친구들은
와룡동 산동네에 자리 잡은 학교 정문을 떠나
한옥이 많아 옛 선비들의 기가 흐르는 아랫동네 혜화동,
그 조용하고 품위 있는 골목에 도착했다.

"자, 다 왔어!
여기가 바로 우리 집이야."

진우의 말이 끝나기도 전에
순간 명호의 눈에 커다란 별들이 유성처럼 스쳐 지나갔다.

"세, 세상에."
"이, 이런 집이 우리 동네에 있었다니!"

마치 성곽처럼 둘러져 있는 높게 쌓인 돌담,
담장 위에 뾰족하게 드러나 있는 가시 철망,
정원사의 손에 잘 길들여진 사철나무들이
첫눈에 부잣집이란 것을 알게 해주었다.
놀란 명호의 두 눈 앞에서
어느새 2미터가 넘는 초록 철대문이 덜컹하며 열렸다.

"얘들아! 모두 어서 오려무나.
우리 진우의 생일에 와줘서 고맙다."

짧은 원피스를 입고 예쁘게 화장을 한 진우 엄마가
문을 열어 주며 말했다.
진우 엄마의 목소리는 상냥하고 여유가 넘쳤으며
부드러움이 가득했다.

층층 계단 위를 환호성을 지르며
앞다투어 뛰어 올라가는 친구들을 먼저 보내고
명호도 녹색 철대문 안으로 발을 들여놓으려는 순간이었다.
넓고 푸르른 정원의 잔디 위에
그림처럼 놓여 있는 초록 색깔의 커다란 탁구대가
명호의 작은 두 눈에 화석처럼 박혔다.

"세상에, 이 넓은 정원에 탁구대까지……."
걸음을 멈춘 채 넋을 잃고 탁구대를 바라보던 명호를
진우가 크게 불렀다.

"뭐 해, 빨리 들어오지 않구!"

"아…… 알았어, 진우야."

현관문을 향해 뛰어가는 명호의 눈동자에
탁구대가 사진처럼 박혀 있었다.

"히야, 이렇게 많은 음식은 처음이야!
할아버지 생신 때도 이런 음식은 보질 못했어."
생일상을 바라보며 놀란 명호는 벌어진 입을
한동안 다물 수 없었다.

"오빠, 배고파!"

"국화빵 한 개만 사주라, 오빠……."

순간, 수제비도 감사히 먹는 동생들의
얄팍한 배가 필름처럼 스쳐 지나갔다.

"오빠야, 풀빵 사주라. 오빠야, 배고프다아~."

어느덧 명호의 두 눈엔 이슬 같은 물방울이 맺혀 있었다.

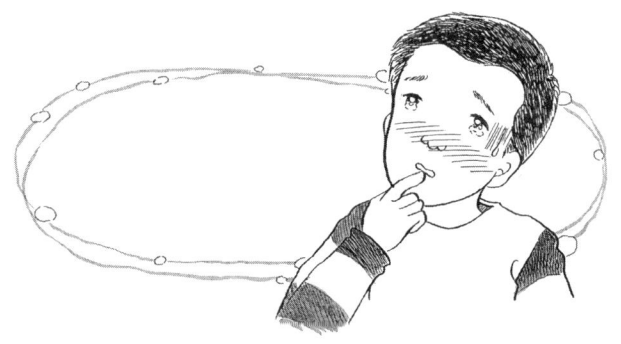

"야! 이게 꿈이냐, 생시냐!
야, 명호야! 이거 먹어 봐!
이게 바로 케이크란 거래."

영철이의 입은 쉬질 못했다.
쉬지 않고 입 안에 무언가를 넣으며 오물거리던 영철이는
하얀 눈덩이 같은 '케이크'를
한 가득 입 안에 집어넣었다.

"어, 그래? 어, 어디?"
어색하게 포크를
집어 든 명호의 손이
작게 떨렸다.

"얘들아! 많이들 먹고 실컷 놀다 가렴."
진우 엄마가 부드러운 목소리로 말했다.

모든 아이들이 진우 엄마를 향해
"예" 하고 대답을 하는 순간,
명호는 상 위에 자기 분량으로 놓인 과자 몇 개를
번개처럼 주머니에 집어넣었다.

'아무도 안 보았겠지?'

그때 누군가 명호의 어깨를 툭 쳤다.

"명호야! 탁구 잘 치냐? 아까 들어오면서 탁구대를 한참 보던데."

반장 진우가 손님 접대의 기본 예절을 아는 듯 명호의 호기심에 관심을 보였다.

"으…… 으, 으응."

"우리 탁구 치러 나갈래?"

"휴~"

명호는 그제야 안심하며 어색한 미소를 지어 보였다.

"으…… 응? 좋아. 아, 그런데 나…… 탁구를 못 쳐. 한 번도 안 쳐 봤어."

수줍게 말하는 명호의 목소리는 호기심에 떨리고 있었다.

"히히, 촌스럽기는! 내가 가르쳐줄게! 나가자!"

진우와 명호가 정원으로 향하자
이내 아이들도 몰려 나갔다.

"야호! 야구 글러브도 있고 축구공도 있네?"

영철이가 신기한 듯 야구 글러브를 만지작거릴 때 명호는 난생처음 탁구채를 잡아 보았다.

"자! 탁구채는 이렇게 잡는 거야!"

진우가 명호에게 탁구채 쥐는 법을 가르쳐 주었다.

"이렇게?"
"그래! 아주
잘 잡는데?
역시 운동 신경이
뛰어난걸!"

반장 진우가 명호를 칭찬했다.

"와!
계란보다 작은 공이 진짜 잘 튕겨지네? 정말 신기하다!"

흡사 거북이알처럼 생긴 탁구공을 탁구채에 튕기며
진우가 소리쳤다.
"자, 나를 잘 봐!
겨드랑이와 가슴 사이에
네 주먹이 들어갈 만큼 공간을 만들어!"
진우는 그럴싸한 폼으로
아버지께 배운 탁구 치는 법을 명호에게 알려주었다.

"이렇게?"
명호는 진우가 시키는 대로 얼른 포즈를 취했다.

"자, 가슴과 팔이 일직선이 되게 움직이는 거야."
진우는 계속해서 포즈를 취하며 설명했다.

"이렇게?"

명호는 신이 나서 따라 했다.

"그래, 좋았어!"

뽀얀 얼굴의 진우는 '역시나' 하는 얼굴로 명호를 향해 환하게 웃었다.

"자! 그럼 이제 한번 튕겨 볼까?"

진우의 말이 떨어지기도 전에 명호가 대답했다.

"좋아!"

그때였다.

우르르 쾅!
콰르릉, 번쩍!

순식간에 사라진 햇빛은 어느새
파란 하늘을 먹구름 천지로 만들어 놓았다.
콰르릉거리는 하늘이 천둥과 번개를 등장시키자
굵은 빗방울들이 앞다투어 쏟아지기 시작했다.

"뭐야! 신나게 놀고 있는데!
또 호랑이님께서 장가를 가시나?
에이, 갑자기 웬 소나기람?"
친구 영철이가 심술 난 목소리로 투덜거렸다.

쏴아아아
쏴아아아

"아무래도 안 되겠어! 우리 안으로 들어가서 놀자!"
갑작스러운 소나기에 반장 진우는
들고 있던 탁구채로 머리를 가리며 말했다.
탁구채를 손에 든 채 잠시 아쉬워하던 명호의 이마 위에도
차가운 빗방울이 세차게 내리쳤다.
그 순간, 명호는 아차 싶었다.

'내가 지금 신고 있는
하늘색 운동화.'

탁. 탁. 탁.
쏴아아

하늘색 운동화 위로 빗방울이 튀어 올랐다.

"헉, 안 돼!"
갑자기 쏟아지는 빗방울은
잠자리 몸통처럼 굵었다.
시야가 뿌옇게 흐려져 앞이 보이지 않을 만큼
소나기는 세차게 쏟아졌다.

"아…… 아, 안 돼.
만약 하늘색 크레파스가 지워지기라도 한다면!"
명호는 금방이라도 왈칵 눈물이 쏟아질 것 같았다.

하늘색 운동화를 신고 있는 명호의 두 다리는
진우네 정원 한구석에 놓인 돌탑처럼
무겁게 고정되어 굳어 버린 느낌이었다.

"명호야, 뭐 하고 있어?
어서 빨리 들어오라니까!"
현관에 서 있는 진우가
한참을 소리 내어 부른 듯
명호를 향해 안타까운 표정을 지으며
손짓하고 있었다.

"아…… 아, 안 돼!
이대론 더 이상 도저히……."
손에 쥐고 있던 탁구채가
비에 젖은 땅 위에 힘없이 곤두박질치는 순간
명호의 어깨는 심하게 흔들렸다.

명호는 초록색 철대문을 향해 달렸다.

"명호야! 명호야!"
멀리서 진우의 목소리가
빗소리와 함께 들렸다.
"명호야!"

열 개가 넘는 계단을 단숨에 뛰어 내려가며
명호는 쏟아지는 굵은 빗줄기 사이로
크게 소리라도 치고 싶었다.
하지만 가슴속 말들은 더더욱 안으로, 안으로만 잠겨들었다.

'왜! 왜! 왜! 왜!
우리 집은 왜!
이렇게, 왜 이렇게……
왜…… 왜!"

명호의 서럽고도 답답한 가슴은…….

서러운 그 마음은…….

저 멀리 우주 끝까지라도 달려갈 것만 같았다.

빗길 속을 뛰어가는 명호의 서러운 얼굴엔
소나기보다 굵은 눈물방울이 뜨겁게 뜨겁게
아카시아 꽃잎처럼 흩날렸다.

슬픈 명호의 마음은 그렇게
빗물이 되어 쏟아지고 있었다.

타닥타닥
타닥
톡·톡·톡·

비닐 우산 위에 떨어지는 빗방울 소리를
유난히 좋아하는 미경은 앞마당에 후두둑 떨어지는 빗방울을 보며
역시나 파란 비닐 우산을 집어 들고
작은 산마을을 한 바퀴 돌다 집에 들어왔다.

미경의 파란 비닐 우산 위로 투두둑 튀어 오르는 빗방울 소리가
툇마루 앞에서 멈추려는 순간이었다.

댓돌 아래에 흙탕물로 뒤범벅된, 초라하기 이를 데 없는
언니의 빨간 운동화가,
아니, 오빠의 하늘색 운동화가 비에 젖은 채
가랑잎처럼 나뒹굴어 있었다.

"잉? 오빠야가 벌써?"

예상보다 빨리 집에 와 있는 오빠 명호를 반갑게 부르며
미경은 우산을 내던지고 방문을 활짝 열며 달려 들어갔다.

좁은 방구석에는 비에 흠뻑 젖은 명호가
옷에 흙탕물이 잔뜩 묻은 채, 금방이라도 짜면
물이 한 양동이쯤은 나올 듯한 모습으로 쭈그려 자고 있었다

미경은 오빠의 어깨를 잡고 흔들어 보았다.

"오빠! 오빠!"

오빠는 아주 멀리 잠나라에 간 듯 꼼짝하지 않았다.

오빠의 얼굴을 말없이 바라보던 미경은

왠지 불길한 예감에 밖을 내다보았다.

"무슨 일이지?

엥?"

미경은 달아 놓은 방문을 다시 열며
장대처럼 쏟아지는 굵은 빗줄기 사이로
흙탕물에 뒤범벅되어 빛깔조차 알 수 없는
오빠의 하늘색 운동화를 바라보았다.

흙탕물이 배어 황토색이 되어 버린
낡은 하늘색 운동화가 왠지 슬퍼 보였다.
툇마루에는 빗물에 젖어 형체를 잃어버린
과자 몇 개가 흐트러진 채 놓여 있었다.

마당에 버려져 흙탕물 옷을 덧입은 하늘색 운동화가
오빠의 서러움을 대신 이야기해 주는 것 같았다.
오빠가 왜 그토록 서러운 몸짓으로 낮잠을 자고 있는지,
신발은 왜 그렇게 고아처럼 버려져 있는지를.

언제나 눈빛 하나만으로도
수많은 놀이를 함께 시작하던, 천생연분 뜻 맞는 오누이였기에
미경은 그 누구보다 오빠 명호를 잘 알 수 있었다.

좁은 앞마당에

한없이 비를 맞으며 누워 있는 하늘색 운동화와

비에 젖은 채 잠 속으로 웅크리고 들어가 버린 오빠를

번갈아 보던 미경도

오빠의 마음처럼 왠지 서글퍼진다.

그날,

소나기가 그칠 줄 모르고 장맛비처럼 내렸던

그 어느 날……,

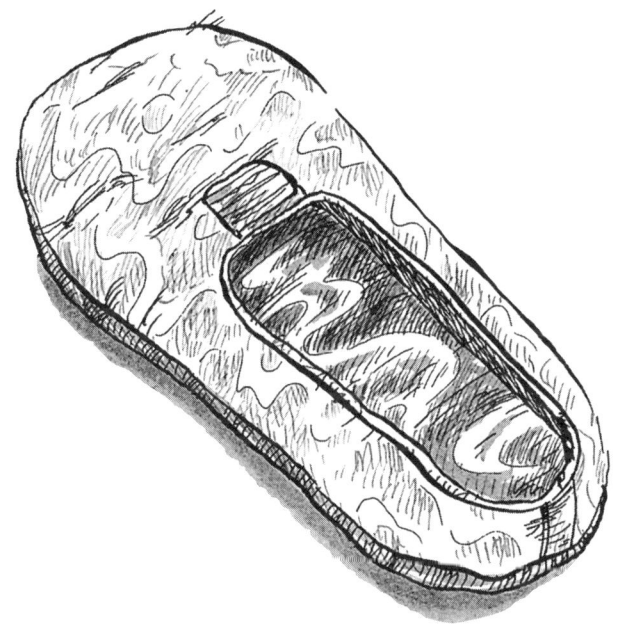

오빠, 기억나?
빨간색…… 아니,
하늘색, 오빠의 그 운동화 말이야.

아주 오래전, 그 마을.
연둣빛 맑은 소나기가 작은 산동네를 적시던 날,
그 비는 오빠의 마음에도 아프게 스며들었지.

비에 젖어, 흙탕물에 뒤범벅되어
덩그러니 버려져 있던 오빠의 하늘색 운동화.
그건 어쩌면 가난이라는 굴레가 만들어낸
날 수 없었던 오빠의 작은 날개였는지도 몰라.

지금은 너무도 흔한 운동화 한 켤레가
그 시절 우리에겐 참 아프고,
서러운……
작은 상처이자
큰 소망이었지.

오빠,
그 어린 날, 때때로 함께 건너던 징검다리 길 위에서
우리는 크고 작은 소나기들을 만났었지.

그림자 없는 태양은
언제나 소나기 뒤편에서 우리를 보며 환하게 웃어주곤 했어.

이제는 그 시절로 다시 돌아갈 순 없지만
뒤돌아보니 그 아픔조차도 눈부시게 아름다웠던 것 같아.

삶은 선물이라잖아.
그래, 지나고 보니 가난도 하나님의 선물이었어.

우리 어린 시절은 가난했지만,
가난했기에 부모님의 사랑이 더 컸고 형제간의 우애도 돈독했던 거겠지?
돌아보니 모든 순간이 축복이고 행복이었어.

오빠, 우리 오랜만에 운동화 신고 그 시설을 설어 볼까?

오빠는 하늘색 운동화를, 나는 빨간 운동화를 신고
그 옛날 우리가 함께 오르던 언덕길,
와룡공원 길을 다시 한번 걸어 올라가 볼까?

그 어린 명호를 한번 만나 볼까?

2 꼭꼭 숨어라

"술래잡기 할 사람, 여기 여기 붙어라!
술래잡기 할 사람, 여기 여기 붙어라!"

와룡동 산마을 전체에 향수를 뿌려 놓은 것처럼
아카시아 향기가 진동하던 오월의 어느 날이다.

구릿빛 얼굴에 콩알처럼 박힌 까만 눈동자의 동네 아이들은
완연한 봄바람에 덩달아 알랑거리는 앞마당 강아지풀을 바라보며
서둘러 운동화를 집어 신는다.

푸른 창공에

흡사 흥부놀부전에 등장할 법한 제비 한 쌍이

묘기라도 펼치듯 앞다투어 날갯짓을 할 때면

덩달아 제비와 함께 뛰어가며 메아리치는 아이들의 목소리.

봄날의 따사로운 햇볕을 피해
커다란 아카시아 나무 그늘로 몰려든 동네 아이들이
새로운 놀이를 시작하려는 찰나.

동그란 얼굴에 '땡글이'라는 별명을 가진
딸 부잣집 미경이가 나타나면
산동네는 순식간에 거대한 놀이터가 되어 버린다.

그 시절 유행하던 어린이 영양제 '원기소'만큼이나
활력을 주던 미경이.

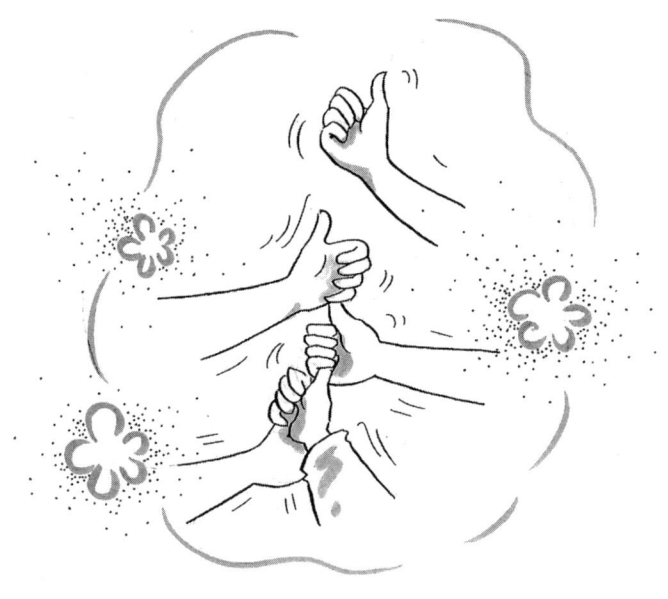

여느 때처럼 아카시아 나무를 등지고 동네 한복판에 서서

목청껏 친구들을 불러 대며 높이 치켜든 미경이의 엄지손가락 위엔

네댓 명의 고사리 같은 손들이

순식간에 탑처럼 쌓였다.

"가위, 바위, 보!"

"가위, 바위, 보!"

가위바위보만 하면 늘 가위만 내는 영수가

오늘도 어김없이 술래가 되었다.

'주먹을 내야지. 이번엔 꼭, 이번엔 꼭…….'
끊임없이 마음속으로 다짐한다는 영수는
또다시 가위를 내곤 하였다.

"와! 영수가 술래다!"
"잉~"

까까머리에
하얀 부스럼 딱지가
군데군데 번진 까만 얼굴의 영수.
얼굴에 희뿌연 버짐이 얼룩덜룩 꽃처럼 피어 있는 영수는
누가 보아도 왠지 불쌍해 보이는 외모였다.

아카시아 나무 흰 꽃잎이 봄바람에 눈처럼 흩날리는 언덕.

영수는 그 아카시아 나무 기둥에 기대어

아이들을 등지고 두 손으로 눈을 가렸다.

"꼭꼭 숨어라, 머리카락 보인다.
꼭꼭 숨어라, 머리카락 보인다."

영수가 술래 노래를 시작하자
미경은 색다르게 숨을 곳을 찾으며
먼저 어딘가에 숨고 있는 친구들을 주시했다.

'뭐야? 민자 쟤는 또 쓰레기통 뒤에 숨는 거야?
한심하다, 한심해! 매번 들키면서도
또 거기에 숨다니!
영수랑 똑같다니까!'

미경은 이번 게임이 너무도 쉽게 끝나 버릴 것 같은 생각에
민자를 향해 불만을 쏟고 있었다.

그랬다.
민자는 늘 연탄재가 수북이 쌓여 있는 쓰레기통 뒤에
연탄재처럼 앉아 있었다.

'어? 영철이는 어디 숨었지?'

좁은 언덕을 오르던 미경이는 두리번거리며 영철이를 찾다가
병식이네 집 초록색 철대문 뒤로 숨고 있는
영철이의 뒷모습을 보았다.

'아무튼 정말 다들 한심하다니까!
이 넓은 와룡동 산골짜기 동네에 저렇게 숨을 곳이 없나? 킥킥!'

'에고, 안 봐도 훤하군!
다음 술래는 분명 민자일 거야.'
양파처럼 동그란 얼굴의 미경은
숨을 곳을 찾는 친구들의 작전을 살피며
여유 있게 자신이 숨을 곳을 생각했다.

'최대한 찾기 어려운 데로 숨어야지!
최대한 깊은 데로······. 낄낄낄.
어디가 좋을까?'
얌전하게 생긴 얼굴만 보고는 상상할 수 없을 만큼
장난기 대왕인 미경이는
'이번엔 어떤 모습으로 친구들을 놀라게 해줄까?'
고심하였다.

상상도 못 할 곳에 숨어,

자신을 찾아내려는

친구들에게 신선한 충격을 주는 것으로

미경이는 또 다른 재미를 느끼고 있었던 것이다.

자신을 찾느라 이리저리 헤매는

친구들의 모습을 상상 속에 그리며,

'역시 미경이야!' 라는 친구들의 찬사를 생각하며

미경이는 기쁨의 강물 속에서

혼자 헤엄치고 있었다.

술래 영수에게서 조금 멀어진 미경이의 시선 안에
모래 더미 위에 꽂힌 '새마을운동'이라는 푯말이
섬광처럼 들어왔다.

우리나라도 선진국처럼 잘 살아 보자는
대통령님의 의지가 현실로 확연히 드러나던 현장이었다.

삼청동을 머리에 이고 있는 와룡동 산골 마을도 예외는 아니었다.

자갈과 모래 더미가 산처럼 쌓여 있는 공사 현장.
미경은 공사 감독자처럼 자재 주변을 두리번거렸다.

개미로 변신하지 않는 한 모래나 자갈 속에 숨는 일은
불가능한 일이었다.

최대한 찾기 어려운 곳으로 숨고자 하는 미경이의 의지도
모래 속에 숨는 것을 포기하는 데는 불과 0.0001초도 걸리지 않았다.

미경은 곧장 공사장 주위를 다시 살펴보다가 모래 옆에 놓인
하수구 공사 자재인 회색 콘크리트 하수관에 눈길을 고정시켰다.

'앗싸! 저 곳이면 됐어! 아주 딱이야!
바로 내가 찾던 곳이야! 좋았어! 아주아주 좋아!
영수한테 들키기 전에…….'

'이크!'

고양이처럼 날렵하게

미경이는 하수관 속으로 누운 채 기어 들어갔다.

'자, 이렇게! 꼭꼭 숨으면!

앗, 생각보다 좁네! 그래도 영수한테 들키지 않게

최대한 몸을 구부려 보자!

절대 들키면 안 된다구!'

콘크리트로 만든 그 하수관은

18킬로그램밖에 안 되는 빈약한 미경이의 몸에도

동생 실내화만큼이나 꼭 끼는 작은 공간이었다.

미경은 입구에서 최대한 깊이 들어가

무릎을 꾸부리고 누웠다.

사뭇 굼벵이와도 같았다.

미경이는 고개를 돌려 멀리 아카시아 눈꽃이 날리는
언덕을 바라보았다.

멀리 아카시아 나무 기둥에 기대어
눈을 가린 채 등을 돌리고 서 있는 착한 영수가 보인다.

"열아홉, 스물!"

때 껌정이 잔뜩 묻은 영수의 고사리 같은 손이
영수의 얼굴에서 내려졌다.

영수는 꼭 감았던 눈을 졸린 듯 비비며
보물이라도 찾는 듯 호기심 가득한 얼굴로
마을 전체를 훑어보았다.
그러고는 수줍은 새색시처럼 멋쩍은 미소를 한 손으로 가리며
주위를 두리번거렸다.

만일 영수가 여자로 태어났더라면

민자와 더없는 단짝이 되었으리라 생각하며

미경은 소리를 죽여 웃었다.

"자, 그럼 슬슬 찾아볼까?"
영수는 습관을 따라 뒷짐을 지고 항상 그렇듯이
제일 먼저 쓰레기통 뒤에 숨어 있는 민자를 향해
발걸음 소리를 죽이며 다가갔다.

다음 술래는
따 놓은 당상이다.

손을 뻗으면 닿을 듯한 쓰레기통 위.
타 버린 연탄재 위로 곱슬머리를 묶은 민자의 노란 머리끈 방울이 영수의 갈색 눈망울 안에 들어왔다.

"쓰레기통 뒤에 민자! 나와라, 오바!"
순간 영수의 목소리에 깜짝 놀란 민자는
하얀 연탄재를 뒤집어쓴 채 일어났다.

민자는 하얀 면 스타킹이 주룩주룩
발목까지 흘러내리는 줄도 모르고
영수에게 질세라 양팔을 흔들며 전속력으로
아카시아 나무를 향해 달렸다.

영수도 쓰러질 듯 안간힘을 다해 달렸다.

유유상종이라고 했던가?

매번 첫 타자로 술래를 하는 영수나,

매번 연탄재 속에서 제일 먼저 발견되는 민자나…….

이번에도 두 번째 술래는 민자다.

미경은 좁은 하수관 속에 누워 이 모든 일이 식상한 듯 따분하고도 지루한 표정을 짓고 있었다.

멀리 아카시아 나무 아래에서는
술래에게 첫 타자로 들켜 버린 민자가
흘러내린 스타킹을 추켜올리며 나무에 기대앉았다.

벌써부터 기다림이 시작된 술래잡기 놀이가
지루하게 느껴지는 민자는
영수가 다른 친구들을 빨리 찾아
자신을 기다림에서 얼른 해방시켜 주기를 바랄 뿐이었다.

까까머리 영수가 이제는
두 번째로 숨은 친구를 찾으러 나섰다.

'앗! 저 신발은?'
초록 철대문 밑으로
낡은 남색 운동화 코를 뚫고
꼼지락거리는 엄지발가락이 영수의 눈에 띄었다.

그렇다.

영철이다.

"영철이 찾았다!"

영수의 말이 떨어질세라

철대문을 힘껏 박차고 튀어나온 영철이가

20미터도 채 안 되는 거리에서 달리기 경주를 시작했다.

누가 보아도 영양실조에 걸린 듯 보이는 연약한 영수가
여지없이 영철이에게 뒤지는 순간이었다.
헉헉거리며 뒤따라오는 영수를 약 올리며
영철이는 아카시아 나무를 향해 가뿐하게 달려갔다.

"넌 안 된다니까! 동수라면 몰라도…….
내가 작년 가을운동회 때 달리기 1등 한 것 벌써 잊어 버렸냐?"
영철이는 싱겁다는 듯 땀을 닦으며
아카시아 나무 쪽으로 달려오는 영수를 향해 소리쳤다.

영철이를 찾았지만 술래는 변함없이 민자다.

이제 남은 사람은
미경이와 태성이뿐이다.

"킥! 킥킥. 그럼 그렇지. 호호호.
어디 이 몸을 찾아보시지 그래!
내가 여기에 숨은 줄은 절대! 아무도 모를걸?
호호호, 난 역시 천재야!"
미경이 쏟아져 나오는 웃음을 애써 참으려
두 손으로 입을 막을 때였다.

멍멍멍!!!
으르릉

"으악! 사람 살려!"

태성이가 겁도 없이 검둥이 집에 들어갔었나 보다.

"사람 살려~!"

다급하게 외치는 태성이의 목소리에 놀란

검둥이 주인, 개똥이 아줌마가

화들짝 놀라 바깥으로 나오는 것이 보였다.

"어떤 놈이여!"

"야 이놈들아!
'개 조심' 푯말이 안 보이는겨? 참말로 죽고 싶은겨!"
검둥이보다 더 야단스러운 개똥이 아줌마의 성난 목소리 때문에 오늘도 산동네에는 지진이라도 난 것 같다.

얼마 전 사나운 검둥이가 끈을 풀고
지나가는 사람을 물어서 크게 변상한 적이 있는 탓에
개똥이 아줌마는
'개 조심'
'물려도 책임 안 짐'
'가까이 오지 마시오' 등의
문구들을 광고처럼
초록 철대문 앞에
붙여 놓았던 터였다.

태성이는 검둥이에게 놀란 가슴을 진정시키려
여자 친구 민자를 곰인형인 양 꼬옥 껴안았다.

빨리 이번 판이 끝나서 술래를 면해 보려는 영수의 발 빠른 움직임이 다시 시작됐다.

"아싸! 이제 미경이만 찾으면 된다아~!"

기쁨을 감추지 못한 영수는 제비의 날개라도 단 듯

가뿐한 발걸음으로

미경이를 찾아 나섰다.

송이네 담벼락에 기대어 있으리라 추측하며 영수는

파란 담쟁이넝쿨이 서로 엉켜 있는 송이네 담벼락을 향해

살며시 다가갔다.

그러나 결국 허탕친 영수는 또 다른 곳을 향했다.

헛걸음하는 영수를 멀리서 바라보던 미경이는

아이들에게 "짠!" 하며 멋지게 등장할 순간을 상상했다.

하지만 얼마나 오랫동안 자기를 찾지 못하는지

조금은 두고 보자는 심산으로

아이들을 더 지켜보았다.

"뭐야? 그러고 보니 진짜 나만 남았네!
우히히히히.
하하하하하.
역시!"

아카시아 나무 그늘에 앉아
미경이를 기다리는 영철이.
그리고 태성이와
다음 판 술래 민자가 보인다.

미경이는 자기를 찾지 못해 여기저기 두리번거리는

까까머리 영수가 안돼 보여서

이제는 슬슬 아이들 앞에 나타나 주어야겠다고 생각했다.

자만심이 극에 달하는 순간 마음이 급해진 미경이는

빨리 하수관 속에서 빠져 나갈 준비를 했다.

"안 되겠다! 이 몸께서 나가 줘야지!"

그때였다.

"악!"

팔을 쭉 펴서 하수관 입구를 잡고

막 빠져 나가려는 순간

일자로 세워진 무릎이 꽉 끼어 꼼짝도 하지 않았다.

다시 조금 움직이려니 오히려 살갗이 까지는 통증이 느껴졌다.

"아, 아얏!

"이게…… 어떻게 된 거지?"

놀란 미경이의 등에서는 식은땀이 흘렀다.

"다, 다시! 에잇!"

"아~~아아, 아악!"

하수관 원통 속에서 구부려 세운 다리가 시멘트로 굳어진 듯
너무도 꼭 끼어 쉽게 빠질 수 없음을 미경이는 깨달았다.
신발 밑창의 고무가 하수관 시멘트 벽에 찰떡처럼 찰싹 붙어
꼭 세워진 무릎과 한 몸을 이룬 듯 일자가 되어 꼼짝하질 않았다.

"헉, 아…… 안 돼!"
"애, 애들아! 영, 영수야~~~!"

다급한 목소리로 미경은 친구들을 부르기 시작했다.
단골 장소가 될 것 같아 오히려 정겹기까지 하던
하수관 속은 이제
산소마저 부족하게 느껴지면서 숨이 막혔다.
갑작스러운 현기증이 덮쳐왔다.

동그란 하수관 속은 캄캄하다 못해 노랗게 보였다.
이때, 멀리서 항복을 외치는 영수의 "못 찾겠다, 꾀꼬리!"
소리가 들려왔다.

"애들아!"

"애들아!"

다리를 펴려고 하면 할수록

맨무릎의 여린 살은 더욱 까지고 화끈거리며

통증은 더욱 심해져 갔다.

"에잇, 이 다리가~!

아! 아악!

안 돼!

에잇!

아…… 아파!

아악!"

"헉! 큰일이야! 이 일을 어쩌면 좋아!"

그제야 너무도 꼭꼭 깊숙이 숨어 버린 자신을 탓하였지만

이미 때늦은

후회의 순간이었다.

"얘들아! 나 여기 있어! 미경이가 여기 있다구!
얘들아! 흑흑흑……."

아무리 소리쳐도 친구들은 귀가 먹었나 보다.
"사람 살려! 사람 살려요!
얘들아!
나 여기 있어! 미경이 여기 있다구~~~~~우!"

"못 찾겠다, 꾀꼬리!"를 외치는 영수의 가느다란 목소리가 서서히 멀어져 갔다.

"얘들아! 나 여기 있어! 미경이가 여기 있다구!"

"도대체 얘가 어딜 간 거야?"
김이 모락모락 피어나는 밥솥 뚜껑을 열고
주걱을 들어 육남매의 밥을 푸려던 엄마는
오후 내내 눈에 띄지 않는 셋째 미경이를 걱정하고 있었다.

터벅터벅

"어떻게 됐니, 명호야?"

명호가 부엌문을 채 열기도 전에 엄마는 큰 소리로 물었다.

"민자도 영수도 다 자기 집에 있었어요.
아까 낮에 술래잡기 놀이를 하다가 없어졌대요.
다른 애들도 잘 모르겠다고 하는데
혜순이도 안 보인다고 하는 걸 보니
옆 동네라도 놀러간 것 아닐까요?"

"도대체 어떻게 된 일이냐. 일단 너희들 먼저 밥 먹고 있거라."
엄마는 밥상을 방 안에 들여놓고는
허겁지겁 미경을 찾아 나섰다.

미경아~!

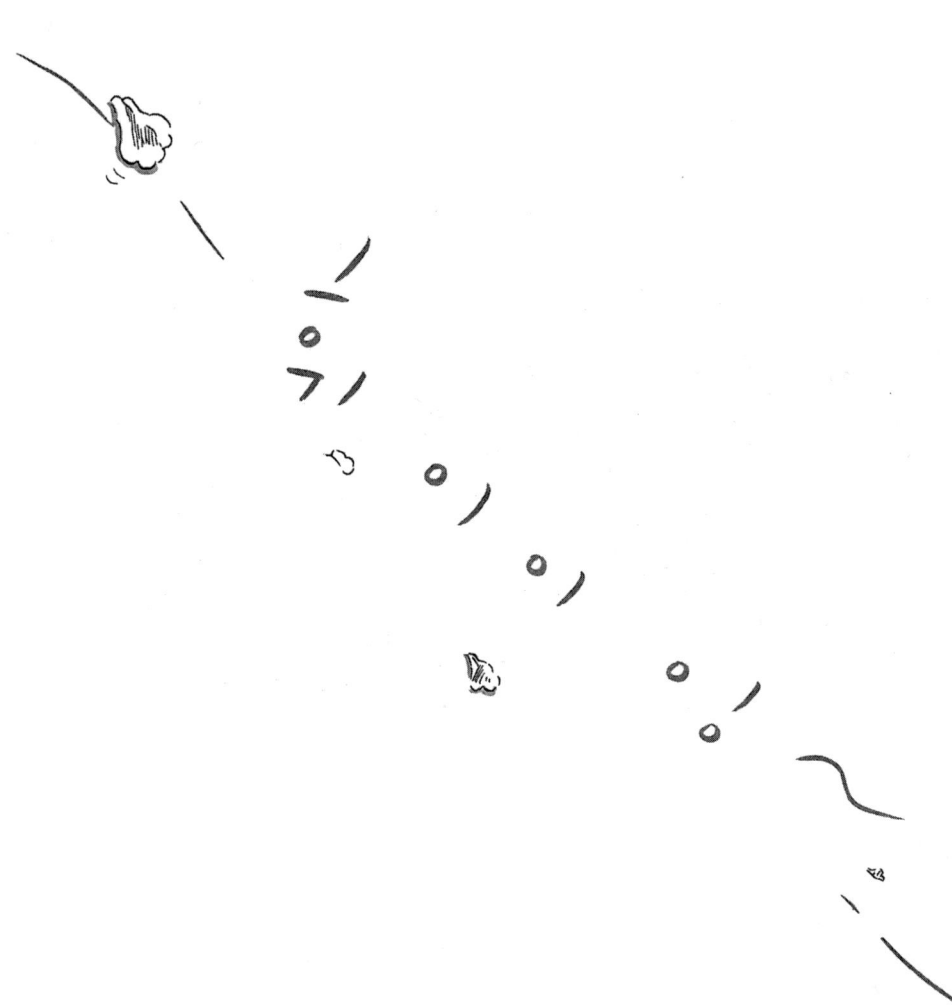

휘이잉~

5월의 봄날 저녁에 부는 바람이 마치 겨울 바람처럼
오싹하고 서늘하게 느껴지는 순간.

바람을 타고 입가에 내려앉은 아카시아 꽃잎에
선뜻 놀란 미경이는
퍼뜩 놀라 깊은 잠에서 깨어났다.

땀과 눈물이 뒤범벅된 채로 울다 지쳐
목소리까지 쉬어 버린 미경이는
그렇게 하수관 안에서 잠이 들었던 것이다.

미경이가 쭈그린 채 누워 있는 하수관 사이로
향기롭고 진한 아카시아 꽃향기가 풍겨 온다.

아카시아 꽃 요정이 살고 있다면……

구세주처럼 내려와 꿈꾸고 있는 듯한 자신을 꺼내 주기를……

하나님이 찾아와 주시기를, 천사들이 찾아와 주기를……

미경이는 간절히 기도하고 또 기도하였다.

밤하늘에는 쏟아질 듯

유난히도 많은 별 무리들이 대낮처럼 환하게

산동네를 비추고 있었다.

누군가, 떨어지는 별똥별을 보며

소원을 빌면 이루어진다고 했지.

미경은 자신의 집 지붕 너머로

별똥별 하나가

사선을 가르며 밤하늘 속으로 사라지는 것을 보며

누군가 자신을 찾아오기를 간절히

빌고 또 빌고 있었다.

미경은 또다시 있는 힘을 다해
소리를 질렀다.

"사…… 사…… 사…… 사람, 사람 살려요."
하지만 입안에서 맴돌 뿐이다.

"사람…… 사람 살려요!"

부르다 부르다 지쳐 개미만 한 목소리마저 쉬어 버린 미경이가 다시금 희망을 품고

절규했다.

"사람 살려~~"

그때였다!

뜨악.

"으잉?
시방 이게 무슨 소리다냐?"

"거, 거, 거기 사람이면 나오고, 귀신이면 썩 물러가라!"
청소부 박 씨 아저씨의 목소리였다.

"아…… 아저씨?

아저씨, 저, 저예요! 저요…….

딸 부잣집 세, 셋째요."

박 씨 아저씨가 구세주로 느껴지던 순간,

미경은 왈칵 솟아오르는 울음을 삼키며

애써 침착하고

차분하게 말했다.

만일 놀란 아저씨가 도망이라도 가 버린다면……?
상상조차 하면 안 되는 끔찍한 일이었다.

"아저씨! 저예요. 미경이요. 딸 부잣집 미경이예요!"

"잉? 뭐…… 뭐시여?"

그제서야 청소부 박 씨 아저씨는 하수도 구멍을 향해 엎드려 쭈그리고 누워 있는 미경이를 바라보았다.

"근디 너, 시방 거기서 뭐 하냐?"
"……"

자초지종을 다 들은 박 씨 아저씨는
이내 하수관 속에 손을 집어넣었다.
그러고는 하수관에 꼭 끼어 있는 미경이의 두 다리를
잡아당기기 시작했다.

"자, 아저씨가 당겨 볼 텡게…….
으라차!"

"아…… 아…… 악! 아~악! 아파…….

무릎이…… 무릎이……

다리가…… 다, 다리가 아파요…… 흑흑흑…….″

미경이의 발목을 붙잡고 힘껏 당겨 보려던 박 씨 아저씨는
점점 얼굴이 빨갛게 되더니, 미경이의 비명소리에 놀라
어느새 제풀에 튕겨 나가 엉덩방아를 찧고 말았다.

"아이고, 아주 무릎이 꼭 끼어 있구먼그려, 아무려도 안 되것다!
네 엄마를 모셔 와야것어!"

박 씨 아저씨는
리어카를 한편에 세워 놓고
달리기 시작했다.

"하, 하, 하나님…… 하나님, 감사합니다.
제게 천사를 보내 주셨군요……. 흑흑흑…….
이제 살았어. 이제 살았어!
난 이제 살았다구!"

미경이는 기적 같은 이 순간에
감사하며 안도의 숨을 내쉬었다.

"어디예요? 어디?"

기쁨의 눈물을 닦는 미경의 눈에,

멀리 한 손에 빗자루를 들고 격앙된 목소리로

빠르게 달려오는 엄마가 보였다.

하수관에 누워 있는 자신을 향해
앞다투어 달려오는 정겨운 식구들.
엄마와 함께 기꺼이 달려 나와 준 사랑하는 형제자매들.

막내를 등에 업고 뒤늦게 달려 나온 큰언니 미화를 바라보며
미경이는 그동안 느껴 보지 못한 형제간의 따뜻한 우애를
가슴으로 느끼며 새삼 뜨거운 눈물을 흘렸다.

가난한 살림에 콩 한 조각을 가지고도
치열한 싸움을 해야 했던 경쟁자들이
이렇게 사랑스럽고 소중한 존재였다니…….

"아, 하나님……."
어느덧 미경의 눈에서 흐르는 뜨거운 눈물은
조그만 양 귓불 속에 우물물처럼 고여
작은 눈물 호수를 만들고 있었다.

다급하고 놀란 엄마의 목소리는 경직되어 떨렸다.

"여기여유, 여기."
마치 고자질쟁이 어린아이처럼 박 씨 아저씨가 엄마에게
미경이 있는 곳을 손가락으로 가리켰다.

"네? 허걱! 에고고……."
누워 있는 미경이의
머리통이 보이자
엄마는 차마
말을 잇지 못했다.

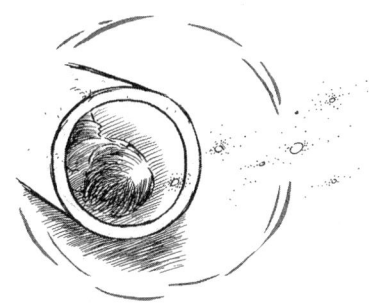

"아줌니가 다리 쪽을 당겨 보셔유.
지는 반대편에서 손을 당길 텡게유."

그렇게 박 씨 아저씨와 엄마의 협동 작전이 시작됐다.

"하나, 둘, 셋!"

"아!"
"아얏!"

"아!~~~ 아악!"

미경이의 팔을 잡아당기던 박 씨 아저씨와

다리를 끌어당기던 엄마는

이내 하수관을 사이에 두고
고무줄처럼 벌러덩 튕겨 넘어지고 말았다.

엄마의 긴장된 얼굴 표정이
미경의 눈에는 정지된 화면처럼 보인다.

불·길·하·다.

이윽고 박 씨 아저씨의 폭탄 같은 선언이 미경의 가슴에 비수를 꽂았다.

"아줌니, 도저히 안 되겠슈! 망치로 깨 부셔야겠시유!"

박 씨 아저씨의 말이 끝나기도 전에
미경은 겁에 질린 채 힘껏 소리치며 울었다.

"아…… 아, 안 돼요! 그러다가 저 죽어요!
돌에 맞아 죽는다구요!"
더 이상 울 기력도 없는 미경이는
있는 힘껏 소리쳤다.

청소부 박 씨 아저씨와 놀란 엄마,
그리고 밥을 먹다가 숟가락에 밥풀이 묻어 있는지도 모르는 채
손에 들고 뛰쳐나온 형제들……
주변의 모든 것이, 별들조차 숨죽인 그때.

달빛이 아카시아꽃을 찬란한 은빛으로 물들인 고요한 밤에
공사 자재를 쌓아 놓은 현장에는 잠시 정적이 흘렀다.
시간이 멈추었다.

속상한 표정의 엄마는 화가 많이 나신 듯
들고 나온 빗자루를
하수관 속에 집어넣어
미경이의 종아리를
때리기 시작했다.

하루도 조용할 날이 없는 육남매의 사건 사고 속에서
오늘도 까맣게 가슴이 타 버린 엄마에게
이 사건 역시도 만만치 않은 충격이었기 때문일까?
좀처럼 매를 들기는커녕 화도 잘 내지 않는 엄마였다.

"그러게 거기는 왜 들어갔어?
응? 왜 들어갔냐구!
위험하게 왜 이런 데 숨어, 응?"

"왜 숨었냐구!"

"아악, 악!"
"앗?"

그때였다.

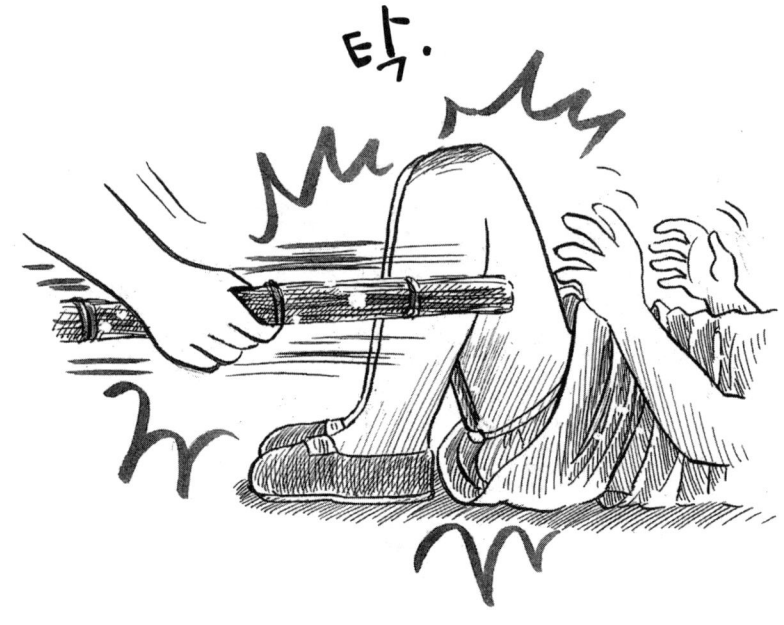

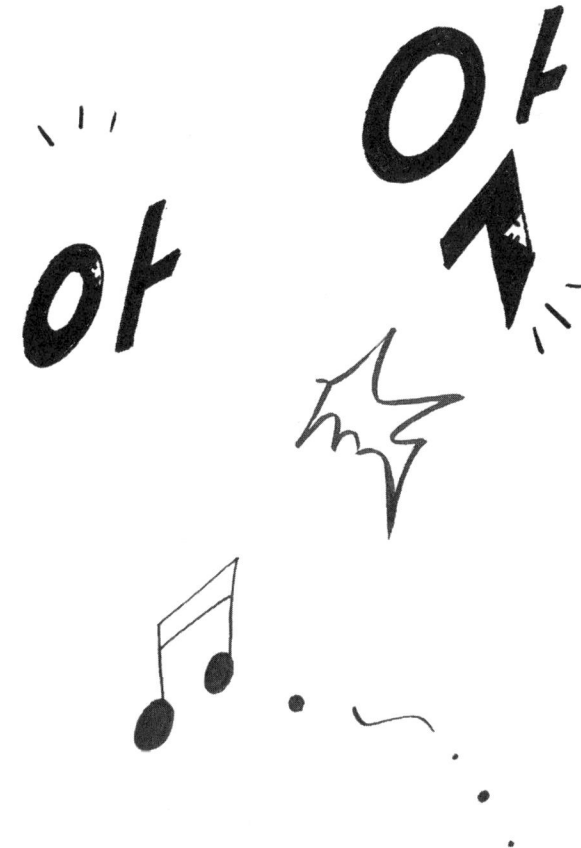

조립해서 끼워 맞춘 듯 하수관 속에 꽉 끼어
꼼짝하지 않고 꼿꼿이 세워진 다리가 엄마의 매 몇 대로
힘없이 확 펴지는 게 아닌가!

"앗!"
"앙?"
" ! "
"엥?"

"어…… 엄마!
다…… 다…… 다리가!
다리가 펴졌어요!"

"뭐…… 뭐?"

일제히 땅에 엎드린 채

하수관에 누워 있는 미경이를 들여다보던

고만고만한 형제들과 박 씨 아저씨 그리고 엄마는

너무도 어이없이 쉽게 해결된 이 상황에 기가 막혀

멍하니 서서 바라볼 뿐이었다.

"하이고. 고 녀석. 사내보다도 더 개구쟁이구먼! 개구쟁이여!"

구세주 박 씨 아저씨의 껄껄 웃음소리가 보름달처럼 환하게 퍼져 나갔다.

"엄마~~~!"

미경은 하수관 원통 입구를 붙잡고 기어 나오자마자 엄마를 와락 껴안았다.

그제야 안도의 한숨을 내쉬는 엄마의 눈가에는
어느새 땀방울처럼 촉촉한
이슬이 송글송글 맺혔다.

"다시는 이런 곳에 숨지 말그래이?"

리어카를 끌고 가는 박 씨 아저씨의 뒷모습이 한없이 정겹기만 하다.

가시덤불을 헤치고 잃은 양을 찾은

목자의 기쁨보다 더 큰 기쁨으로

다시는 자신의 품에서 놓지 않을 것처럼

미경이를 꼭 껴안아 주는 엄마의 품에서

저녁 반찬 냄새, 김치찌개 냄새가 솔솔 풍겨온다.

사라져 가는 박 씨 아저씨의 뒷모습을 보며

미경이는 오늘의 사건이 결코 꿈이 아니었음에

다시금 놀랐다.

그리고 생각했다.

다시는, 다시는……

하수관 속엔 숨지 않을 것이라고.

언덕 위의 작은 집을 향해 걸어가는 정겨운 그림자들 위로
해처럼 밝은 보름달이 이들의 머리를 하얗게 비춰 주었다.

땀 냄새보다 진한 아카시아 꽃향기가
와룡동 산동네를 향기롭게 뒤덮은 오월의 어느 밤이었다.

엄마!

그날 엄마가 들고 나오신 그 나무 빗자루는

철없는 딸을 때려 주려던 매가 아니라

하수도에 걸린 다리를 빼내어 보려는

연약한 사랑의 도구였다는 사실을

철이 들어 어른이 되고서야 깨달았어요.

아! 철없던 그날, 철없던 그 시절.

그리고 한없던 엄마의 사랑.

그 시절 나의 젊은 엄마.

언제나 내 편이 되어 주셨던 사랑 가득한 엄마가

세월이 흐를수록 더욱 그리워집니다. 너무도 그립습니다.

우리 언젠가 천국에서 다시 만나겠지요. 그날을 기약하며 살아갑니다.

엄마의 그 따뜻하고 무한한 사랑과 은혜를 어떻게 다 갚을 수 있을까요?

영원히 사랑하는 나의 엄마.

엄마를 사랑해요. 엄마가 그리워요.

참, 박 씨 아저씨!

그날 너무 고마웠어요.

어른이 된 지금도 그날 그때의 기억은 잊을 수가 없어요.

아저씨가 아니었다면……

진정 아저씨는 하나님이 보내 주신 수호천사였어요.

아저씨, 행복하시죠?

건강하시죠?

배추꽃 향기 ③

부드러운 5월의 미풍에 녹아든 햇살은
막내 미영이의 볼을 닮았다.

마당 한 구석, 조그만 돌들이 옹기종기 모여 앉아 돌담장을 이룬
세 평 남짓한 텃밭 안에는
올해도 어김없이 엄마가 심어 놓은 푸성귀들이
햇살을 향해 연둣빛 고운 얼굴을 내밀고 있었다.

엄마는 유난히 봄을 많이 타신다.

산에 들에 피어나는 봄꽃들,
봄나물들은 언제나 그리움이다.
고향 땅에 살고 계신 엄마의 엄마,
외할머니가 더욱 그리워지는 계절이다.
아직 개발이 한창인 서울 들녘 지천에도
우후죽순 피어나는 쑥과 냉이가
엄마의 향수병을 더욱 새롭게 한다.

그래서일까.
엄마는 언제나 좁은 마당 한구석에
고향의 텃밭을 작은 모형으로 옮겨 놓고
손수 외할머니가 가져오신 채소 씨앗과 모종들을 심었다.
어느새 송곳니처럼 삐쭉삐쭉 자라나고 있는 부추 사이로
제법 모양을 갖추어가는 상추와 쑥갓, 참나물들이
서로 경쟁하듯 키를 늘이고 있었다.

텃밭 안에는 어디선가 날아 들어온

강아지풀이며 억센 발을 지닌 명아주도 함께 살고 있었다.

자연은 참으로 신비하다.
심지 않아도 어디선가 길을 잃은 씨앗들이
날개를 달고 찾아와 소리없이 터를 잡는다.
그리고 그들은 누가 돌보지 않아도
그 어떤 식물보다 빨리 자란다.

어느 해 엄마는
"그래. 너희들도 목숨 붙은 생물인데,
너희도 살겠다는데……"라며
텃밭의 잡초 뽑기를 그만두셨다.

대나무 소쿠리를 들고 나온 큰딸 미화는
여느 때처럼 막내 여동생 미영이를 업고,
저녁 밥상에 구수한 된장과 함께 오를
여문 상추와 부드러운 쑥갓을 고르시는
엄마를 바라보고 있었다.

미화가 소쿠리 안에 담겨지는 풋풋한 향내의 채소들을 바라보며
맛난 저녁 식사 시간을 기대하고 있을 때,
둘째 미경이와 셋째 미숙이는 간장독 앞에서 놀고 있었다.

시원한 산바람, 솔바람에 한낮의 나른함을 날리듯
간장독은 맑고 밝은 봄 바람, 봄 햇살에 찰랑거리며
흥겨운 일광욕을 하고 있었다.

장손 집안인 미화네는 간장독만큼은 언제나 풍년이었다.

서울과 지방에 흩어져 사는 친척들이 왔다가 갈 때면
엄마는 외할머니와 함께 담근 된장이며 고추장을
손수 담아 싸서 보냈다.
가난 속에서도 항아리 속의 인심만은 풍성했다.

둥둥 떠 있는 메주가 엄마의 손 안에서
맛난 막장이며 된장으로 탄생하는 마술의 근원지도
바로 이 간장독이었다.

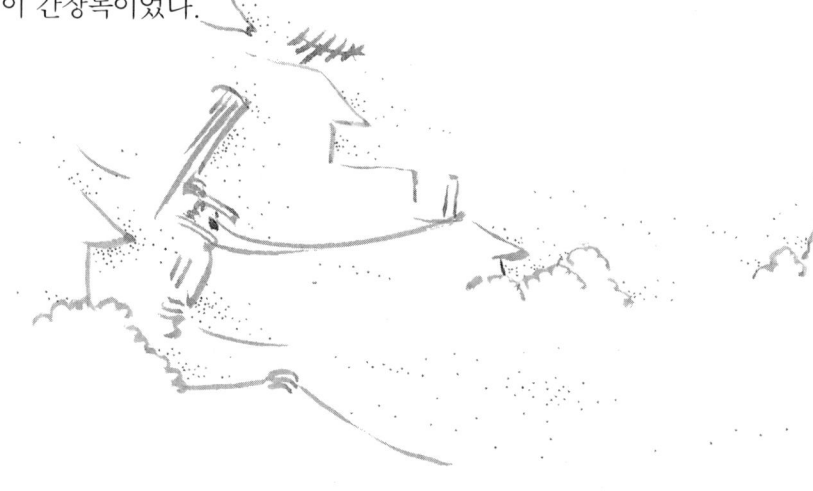

엄마가 텃밭에서 푸성귀를 고르시는 동안
미경이는 까만 간장독에 손가락을 집어넣어
메주에 묻은 간장과 숯에 묻은 간장,
홍고추 간장을 모두 맛보았다.

한참 동안 쿰쿰한 메주와 숯,
마른 홍고추를 가지고 놀던 미경이는
슬금슬금 아지랑이처럼 피어오르는 간장의 짠 내를 더 맡고자
얼굴을 항아리 속에 처박았다.
코로 킁킁거리며 온몸으로 짠 내를 느끼고 있었다.
그러다가 이내 호기심이 일어,
그 짜디짠 집간장을 혓바닥으로 낼름낼름
찍어 먹고 있었다.

언니의 모습을 보며 덩달아 날름날름 헛바닥으로
간장을 먹어 보던 미숙이는
어느 순간, 그 짠맛에 혀가 오그라드는 것 같았나 보다.

"으앗, 짜! 에퉤퉤!"

미숙이는 짠맛에 놀라 어쩔 줄 몰라 했지만
미경이는 짜기만 한 줄 알았던 집간장이
시간이 흐를수록 약방의 감초처럼
달달하게 감칠맛으로 남게 된다는 걸 알기에 신이 났다.

미경이는 까만 간장이 거울처럼 하늘도 비추고
자신의 얼굴도 비춰 주자
신기한 듯 행복한 미소를 지었다.
'이제 간장독은 진짜 내 놀잇감이 될 수 있겠다.'
"얏호!"

'언니가, 엄마가 찬장 속에 감춰둔 백설탕을 몰래 먹고 넣어 놓듯이
나도 간장을 몰래 먹고 뚜껑만 덮어 놓으면 되겠지.'

엄마는 어느새 가져온 물로 미숙이의 입을 헹구게 했다.
그리고 자칫 미경이 침 때문에 간장을 못 쓰게 될까 봐
서둘러 간장독 뚜껑을 덮었다.

"엄마 허락 없이 절대 간장독 열면
안 된다. 알았지?
너무 짠 걸 먹으면 건강에도 안 좋아.
게다가 무거운 뚜껑을 놓치기라도 하면 어쩌려구…….
이제 그만 장독에서 떨어져서 놀아라."
"네."
미경이는 엄마의 말씀에 고개를 끄덕였다.

미화는 미경이가
또 간장독을 장난감처럼 갖고 놀았을 게 훤히 보였다.
하지만 그런 동생들을 꾸짖지 않고
오히려 행복한 얼굴로 항아리 앞에 서 계신 엄마를
의아해하며 바라보았다.

"미화야, 여기 이것 좀 봐!"
무슨 큰일이라도 생긴 양
엄마는 서둘러 딸들을 항아리 앞에 불러 모았다.

"얘들아, 여기를 보렴. 이 노란 꽃을 봐.
배추꽃…… 배추꽃이 여기에 피었구나.
세상에, 언제 이렇게 피었지?
얼마 만에 보는 꽃인지……."

"어, 어디! 어떤 게 배추꽃인데요?"

큰딸 미화가 미영이를 업고 달려왔을 때
노란 배추꽃은 화사한 얼굴로 엄마를 바라보고 있었다.

간장독 옆에는 누군가 밤새 옮겨다 놓은 듯
노란 배추꽃이 예쁘게 피어 있었다.

엄마는 어린 시절에 살던 동네 논길과 밭에
봄이면 배추꽃, 냉이꽃이 많이 피었다고 말씀하셨다.
냉이꽃이 아지랑이처럼 들녘에 피어날 때
배추꽃은 큰언니처럼 선명한 얼굴로 피어 있었다.
해질녘 할머니의 밭일을 돕다가
배가 고플 때면 봄동산 가득 피어 있던 배추꽃을
찔레꽃잎처럼 간식인 양 하나씩 둘씩 따 먹었다고 하셨다.

때로는 순박한 시골 총각들이 사랑을 고백할 때
"봄 들녘에 지천으로 피어나 있던 노란 배추꽃과 보라색 무꽃을
한아름씩 따서 사랑하는 이에게 주기도 했단다."
엄마는 수줍게 말씀하셨다.

엄마의 미소 속에서 무언가를 감지한 미화는
아빠와의 연애 시절을 이야기해 달라며 조르기 시작했다.
엄마는 미소로만 대신했다.

엄마와 아빠의 사랑 이야기가 너무 궁금해진 미화는
그 옛날 엄마는 아빠한테서 배추꽃을 받은 적이 없냐며 캐물었다.

끈질긴 미화의 조르기가 시작될 때

엄마의 눈동자는 어느새 노란 배추꽃으로 물들어 있었다.

오후의 햇살 속에서 추억에 젖은

엄마의 얼굴은 환하게 빛났다.

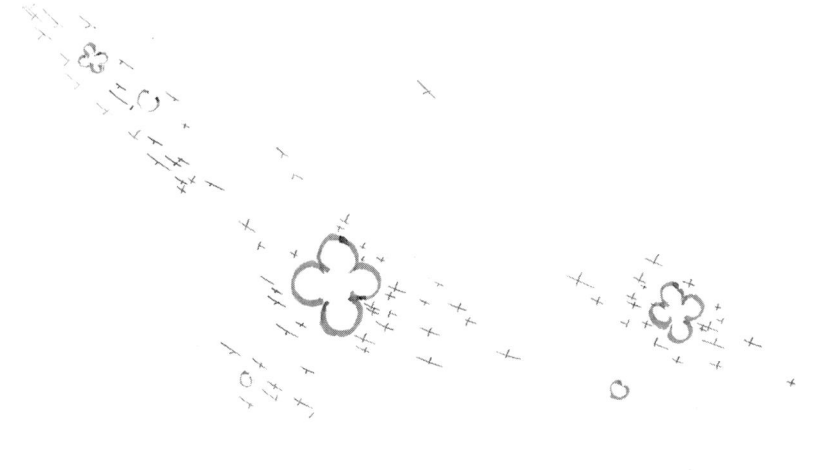

엄마는 같은 동네에 살고 있는 아빠를 남몰래 흠모해 왔다고 했다.
언제 보아도 성실하고 부모에게 둘도 없는 효자이던 남자.
줄줄이 달린 동생들의 학비를 위해 자신의 삶은 뒤로 하고
언제나 희생만 하던 그 남자.

엄마는 그런 남자를 사랑할 뿐 아니라 존경했다고 했다.
하지만 마음뿐, 열 살이라는 나이 차이에
엄마는 오래도록 가슴앓이를 해 왔다고 하셨다.

그런데 사실은 아빠도 엄마를 무척 사랑스럽게 생각했더란다.

보름달처럼 복스럽고 탐스런 얼굴과 착한 미소가
그 누구보다 아름다웠던 엄마를…….
교회 성가대에서 찬송하는 엄마의 천사 같은 목소리와 모습에 반한
아빠도 남몰래 연정을 품고 계셨다는 것이다.

서로 좋아하는 마음은 있었지만 열 살이나 되는 나이를 극복하기엔
양가의 반대가 있을 것을 예상했기에
아빠도 그저 마음속에만 엄마를 두었을 뿐이었단다.

사랑은 참으로 신기하다.

생각 속에서만 피워내던 사랑이 현실이 되기도 한다.

시골 초가지붕마저 자연 속에서 넉넉한 숨을 쉴 때,
해질녘 들판에 노랗게 피어 있던 수많은 배추꽃이
어느 날엔가 엄마를 향해 걸어오더란다.
그렇게 가슴 가득 노란 배추꽃을 안고
지평선까지 피어난 사랑.
아빠는 그날 엄마에게 오랜 사랑을 고백했다.

엄마는 그날의 풋풋한 풋내 나는 배추꽃 향기를
영원히 잊을 수가 없단다.

엄마에게도, 아빠에게도 그런 달달한 연애 시절이 있었다니…….

자신의 사랑 이야기라도 되는 양 미화의 상기된 얼굴은
미소 속에 식을 줄을 몰랐다.

과거의 향수 속에 들어가 그 은은한 옛 향기에 취한 듯
엄마의 어린 시절 이야기는 계속되었다.

엄마의 옛이야기를 듣자니

논밭에 지천으로 깔린 배추꽃이

소박한 시골 사람들의 미소를 닮은 것처럼 느껴진다.

어린 날, 허기지고 외로운 날에

배추꽃은 주린 배를 채워주었고,

노랑 꽃들은 친근하게 다가와 서민들의 시름을 달래 주었다고 한다.

먹을 것이 넉넉지 않던 그 시절,

어린 꽃봉오리들은 데쳐서 나물로도 먹고

때로는 장아찌로 만들어 먹어서

꽃마저도 일용할 양식이 되었다고.

"와! 그럼 이 꽃도 먹을 수 있네요?"

미경이는 어느새

배추꽃잎을 먹고 있었다.

쌉싸래하면서도 달큰하고 향긋한 오이 맛과 아카시아꽃 맛을
섞어 놓은 듯 은은한 향기의 배추꽃 맛.
미경이는 처음엔 배추꽃잎만 뜯어 먹더니
생각보다 맛있는지 금세 신난 얼굴이 되어
배추꽃을 전부 다 따 먹을 기세다.

해마다 봄이 오면
진달래니 아카시아니 꽃만 보면 먹길 좋아하던 미경이가
어느 해엔가 너무 많은 진달래꽃을 먹고 탈이 나기도 했다.
그걸 기억하는 엄마는
배추꽃도 그만 먹으라고 타이르셨다.

그 때문인지 몰라도 미경이는
어느 자매들보다 꽃 이름을 잘 꿰고 있었다.
먹어도 되는 꽃과 먹어서는 안 되는 꽃도
곧잘 구별해 내었다.

"철쭉꽃은 진달래와 닮았지만
절대 먹으면 안 된다구."

미경이는 외할머니께서 가르쳐 주신 것을
정확히 기억하고 있었다.

"배추꽃을 안고 온 아빠의 고백이 아니었다면
너희 육남매는…… 호호호……"

웃음 끝을 흐리시며 부엌으로 향하는
엄마의 월남치마에 봄바람이 스친다.
어린 딸들에게 처음 꺼낸 아빠와의 연애 이야기가
쑥스러우셨나 보다.
엄마는 갑자기, 해도 해도 표시가 나지 않는
산더미같이 쌓인 집안일이 기억이라도 난 듯한 표정으로
이제 막 소쿠리에 담겨 풋내 성성한 푸성귀들을 안고
부엌으로 향했다.

소녀처럼 수줍은 듯 얼굴이 붉어진 채로
서둘러 부엌으로 들어가시는 엄마를 본 미화는
고개를 돌려 항아리 아래 피어난 노란 배추꽃을
새삼 정답게 바라보았다.

엄마의 사랑이 살아 숨 쉬는 꽃.

엄마, 아빠의 향기가 숨어 있는 꽃.

두 사람의 소중한 추억이 오롯이 남아 있는 꽃.

배추꽃아!

앞으로 나도 은은한 향기의 너를 좋아하게 될 것 같아.

사랑하게 될 것 같아…….

10월의 끝자락에 스치는 오후의 햇살은
어느새 마른 풀 바람을 가랑잎처럼 날리고 있었다.
세월은 정말 빠르다.
때로는 날아가기도 한다.

엄마는 곱게 접은 분홍색 보자기를 보물처럼 한 손에 들고
큰딸 미화를 바라보았다.

"미…… 미화야!
엄마랑 같이 용산시장에 좀 갔다 오자."
깊어만 가는 가을 하늘 같은 엄마의 맑은 눈에
이슬 같은 무언가가 반짝였다.

"명호야, 미화랑 장에 다녀올 테니 동생들 좀 돌보고 있거라."

"예, 엄마. 걱정 마시고 잘 다녀오세요."

명호가 동생들을 한 차례 돌아보더니 막내를 안고서
엄마에게 안심의 눈빛을 보낸다.
동생 미경이와 미숙이는 서로 쫑알거리며
종이 인형놀이에 푹 빠져 있었다.

미화는 서둘러 댓돌 위에 놓여 있던 빨간 운동화를 주워 신고 재빨리 엄마의 손을 잡으며 뒤따라 나섰다.

"잘 다녀오세요."

때때로 엄마에게 친구처럼 벗이 되어주는 장녀 미화.
"미화, 네가 있어서 좋다……."
장남 명호는 자신도 모르게 소리 내어 미화를 응원하고 있었다.

와룡동의 가파른 언덕길을 미끄럼 타듯 빠르게 내려온
엄마와 미화는 어느새 버스정류장 앞에 서 있었다.

미화는 가족의 생활비가 여의치 않으니
오늘도 그리 흔쾌한 시장 나들이는 아닐 것이라 생각했다.
멀리 오토바이 주둥이를 쏙 빼닮은
세발 용달차가 쓰러질 듯
휘청거리며 지나갔다.

이윽고 기다리던 시내버스가 공기를 가르며 달려와
차장 언니의 지휘 아래 미화가 서 있는 정류장에
멈추어 섰다.

오후 3시경.

한산한 시내버스 안에는 드문드문 자리가 비어 있었다.

버스는 잠시 사람 몇을 태우고는

차장 언니의 "오라이~~!" 소리가 호령하듯 떨어지고서야

속력을 냈다.

버스는 곧 명륜동을 지나 창경궁을 지났다.

어느새 버스는 서울의 최고 명물인,
31층 고층 빌딩이 탑처럼 우뚝 서 있는 삼일빌딩 앞을
지나고 있었다.

차장 언니가 최소한 하루 서너 번씩은 오가며 보았을
청계천 길 도로변에 있는 삼일빌딩.

하얀 와이셔츠에 넥타이를 멋지게 맨 도시의 샐러리맨들이
보도블럭을 지나 우르르 횡단보도를 건넌다.
그 풍경이 시골처녀인 차장 언니의 마음을 설레게 하겠지만,
차장 언니는 애써
무심한 눈길을 허공 속에 던지는 듯했다.

미화는 성냥갑처럼 작아지며

시야에서 사라져가는 삼일빌딩을

아쉬운 듯 바라보고 있었다.

육남매 중 유일하게 미화만이 차멀미를 하지 않았다.

그나마 다행인 거다.

유난히도 동그란 얼굴이

어린 시절 엄마의 모습과 많이 닮았다며

미경이를 유독 예뻐하시던 둘째 외삼촌이

시골 구경을 시켜 주겠노라 미경이를 데리고 내려가시던 날.

백지장처럼 창백한 얼굴로 금방이라도 죽을 것 같은 미경이를 안고

외삼촌은 놀란 모습으로 황급히 돌아오셨다.

기차를 타야 하는 서울역에 당도하기도 전
택시로 10분도 채 가지 않은 종로 입구에서
미경이는 심한 차멀미로 거의 생사를 오갔다.
그 덕분에 대부분의 나들이에는 차멀미를 하지 않는
큰언니가 단골로 엄마와 함께 버스에 오르곤 했다.

그러기에 오늘처럼 엄마와 함께 용산시장을 가다가 신기하기만 한
초고층 31층 빌딩을 육남매를 대표해 또 보게 된 것이다.
미화는 종로 거리의 극장 포스터와 백화점들을 보며
딴 세상 이야기인 양 상상을 더해 형제들에게 들려주곤 했다.

몇 달 전 시골에서 올라오신 외할머니가 외삼촌들과
제일 처음 서울 나들이로 다녀오신 곳도 바로 저 삼일빌딩이었다.
서울에 백두산만큼 높은 빌딩이 생겼다는 소문만 듣던 할머니는
외삼촌들의 안내로 직접 그 사실을 두 눈으로 확인하셨다.
할머니는 산처럼 높은 고층 빌딩의 경이로움에
이제는 우리나라도 잘살게 되었다며 침이 마르도록 놀라움을
손자손녀들에게 전해 주셨다.

그때 외할머니가 명호의 손을 잡고 자랑스럽게 삼일 현관문을
걸어 나오시다, 커다란 유리문을 제대로 보지 못한 명호가
투명 유리에 이마를 꽝 하고 세게 부딪쳤었다.

이내 붉어진 이마를 어루만지시던 할머니는
대문보다 커다란 유리문을 신기한 듯 만져 보고 또 만져 보다
애꿎게 손자를 아프게 한 유리문을 원망하며
돌아 나오시기도 했었다.

차창 밖으로 유난히 많은 사람들의 행렬이 줄을 이루는
서울역을 지날 즈음 엄마는 눈을 감으셨다.
또 옛 기억이 떠오르는 모습이었다.

이윽고 차장 언니가
큰 소리로 용산시장 앞에서 내릴 손님들을 불러 냈다.

내릴 준비를 하는 엄마를 따라

미화도 서둘러 엄마 손을 잡고 의자에서 일어섰다.

시장 역에 내리자마자

큰 소리로 호객하며 물건을 파는 상인들의 목소리가

풍악 소리처럼 용산시장 하늘에 흥겨운 메아리를 울리고 있었다.

파도가 넘실거리듯 인파로 넘실대고 춤추는,
살아 있는 시장 거리가 미화는 왠지 좋았다.
무엇보다 육지와 바다의 먹거리가 풍성한 시장은
보기만 해도 행복했다.

사람들 생김새만큼이나 다양한

여러 가지 과일과 채소, 갖가지 생선들을 바라보는 것만으로도

미화는 행복했다.

"와, 풍년이다, 풍년!"

리어카에 가득 실린 고구마와 밤,

단감과 연시가 달콤함을 뽐내고 있었다.

여기저기 광주리에 가득 담긴 가을 열매들이 즐비하게 늘어선

좁은 시장 통로를 걷던 미화는

순간 막내 미영이의 볼처럼 탐스러운 빨간 홍옥을 바라보았다.

사과 장수 아줌마가 꿀맛 사과를 증명하듯 반으로 갈라 놓은
홍옥의 향긋한 냄새가 바람을 타고 미화의 코끝을 자극했다.
작은 두 눈에 들어온 홍옥은 어느새 마른 입안을
군침으로 가득 고이게 했다.

미화의 낡은 운동화는 엄마의 발걸음을 따라 걷고 있지만
두 눈은 앵두처럼 빨간 홍옥에 자석처럼 고정되어 있었다.

엄마는 군침을 삼키며 사과를 바라보는 미화의 표정을
훔쳐보듯 바라보다
멀리 서산에 지는 오후의 햇살로 조용히 시선을 옮겼다.

다닥다닥 옹기종기 자신들의 맛과 향기를 선보이는 재래시장은
먹거리 가득한 별천지 세상이다.

일 년 열두 달, 철마다 달마다 맛과 향기로 새 옷을 갈아입는다.

어느 방앗간에선가 달달 볶은 참깨로 흥겹게 참기름을 짜 내는 듯
고소한 냄새가 피부 깊숙이 스며들 즈음…….
어느새 좁은 시장 통로를 벗어난 엄마와 미화는
푸른 배추가 산더미처럼 쌓여 있는 너른 공터에
긴 그림자를 남기고 있었다.

미화가 이곳을 방문한 것이 오늘로 세 번째다.

와룡동에도 배추차가 온다.

김장철이 되어 동네 너른 공터에 배추차가 한 차례 왔다 가면

미화네뿐 아니라 동네 곳곳의 주민들이

앞다투어 배추 겉잎을 주워 시래기를 만들고자

경쟁 아닌 경쟁을 벌이곤 했다.

배추 시래기는 먹거리가 넉넉지 않은

서민들에게 영양분을 채워주는

좋은 식재료였다.

하지만 이곳 용산시장에는 언제나 배춧잎이 풍성하게 널려 있어
경쟁하듯 줍지 않아도 되었다.
인심 좋은 시장이었다.

엄마는 성경 룻기에 등장하는, 보아스의 밭에서
밀 이삭을 줍던 여인 룻처럼 떨어진 배춧잎을 주웠다.
깨끗하고 성한 푸르른 배춧잎은 생각보다 많았다.
미화도 엄마를 따라 서둘러 깨끗한 배춧잎을 줍기 시작했다.

점심 시간이 지나 이곳저곳으로 배추가 팔려 나간 자리엔
배춧잎이 벚꽃잎처럼 무리지어 쌓여 있었다.
운이 좋은 날엔 새끼 배추가 통째로 버려져 있기도 했다.

두터운 삶의 시름을 벗어던지고 간 듯
시장 마당에 한 움큼씩 남겨져 있는 배추 겉잎들은
어쩌면 가난한 이들을 위해 예비해 놓으신
만나와 같은 양식이었는지도 모른다.

하루 종일 배추 상인들보다 더 많은 사람들이
이곳을 오가며 배춧잎을 줍고
감사한 마음으로 기도를 올리던 곳도
바로 이런 재래시장이었을 것이다.

'엄마보다 더 많이 주워야지' 생각한 미화의 앞가슴엔 어느새 한아름의 배춧잎이 베개처럼 안겨 있었다.

연둣빛 속살이 그대로 남아, 그나마 형태를 유지하고 있는
어린 배춧잎은 엄마의 손 안에서
매콤한 겉절이로, 아니면 나박김치로 탄생할 것이다.

또 청록 빛깔을 띤 배추 겉껍질들은 끓는 물에 삶아서
찬물에 담겼다 그늘에 말려질 것이다.
말린 배추 시래기들은 겨우내 광에 들어가 있다가
때로는 나물로, 때로는 된장국으로 탄생할 것이다.

이마에 송골송골 땀방울이 맺히는 것도 모르고
미화가 탐정처럼 구석구석 연한 잎을 찾아 두리번거리고 있을 때
엄마는 잠시 다녀오겠다며 시장통 속으로 사라지셨다.

미화는 엄마가 없는 동안

엄마의 몫까지 더 많은 배춧잎을 줍기 위해

열을 올리고 있었다.

시원한 바람이 미화 이마의 여린 땀을 식히며
머리칼 사이를 지나갈 때, 불현듯 미화는
봄날 마당 한편, 항아리 밑에 피어났던
노란 배추꽃을 떠올렸다.

따뜻한 봄이 오면

그땐 배추꽃을 볼 수 있겠지?

잠시 자리를 떠났던 엄마가 손에 무엇인가를 들고
미화를 부르며 달려오셨다.

"허…… 미화야, 이렇게나 많이?…… 고생했어."

이불 보따리만큼 커져 버린 배춧잎 더미를 보고 놀란 엄마는

이마의 땀을 닦으며 들고 온 무언가를 배춧잎 속에 넣었다.

저녁 시간이 다가오니 마음이 급해진 엄마는

서둘러 배춧잎 보따리를 꾹꾹 눌러 싸맸다.

책가방보다 더 큰 미화의 보따리에도

어느새 어린 배추가 묶여 있었다.

엄마는 하얀 수건을 찐빵처럼 동그랗게 말아 머리 위에 올리고
그 동그란 수건 위에 배추 보따리를 올려놓으셨다.

길가에 고아처럼 버려진 듯 흩어져 있던 배춧잎들은
수분을 잔뜩 머금은 채 엄마의 머리 위에서
편안한 휴식을 취하고 있었다.

'이상도 하지. 지난번에도 그랬는데…….'
배춧잎들은 처음에는 가볍다가
시간이 지나면 돌덩이처럼 점점 무겁게 느껴진다.
미화는 땅에 닿을 듯 점점 밑으로 내려가는 보따리를
다시 힘껏 당겨 안았다.

엄마의 상기된 두 볼처럼 서산의 붉은 노을이
엄마와 미화의 두 그림자를
길게 늘어뜨리고 있었다.

미화가 엄마와 함께 힘겹게 오르는 와룡동 골목길에
제법 선선해진 가을바람이
촉촉하게 밴 땀방울을 차갑게 식히고 있었다.

"야호! 엄마닷!"

앞마당에 들어서자마자
미경이가 방문을 박차고 달려 나왔다.

오래 참고 기다렸다는 듯 미경이는
무언가 맛난 것들을 기대한 얼굴로
엄마의 치맛자락을 잡고 툇마루로 이끌었다.

서둘러 짐을 받아 내리는 명호의 눈동자에 비친
엄마의 목이 오늘따라 유난히 가늘어 보인다.

효자 명호가 또다시 엄마의 마음을 헤아리고 있는 순간이었다.

미경이는 어느새 보따리 앞에 주저앉았다.
고사리처럼 작은 손과, 이제 곧 빠질 것 같은,
간당간당 흔들리고 있는 하얀 앞니를 총동원해
꼭꼭 묶여 있던 보따리를 힘껏 풀어 헤쳤다.

그러고는 산처럼 쌓여 있는 배춧잎을
절인 깻잎을 들추듯 한 겹 한 겹 들추어냈다.
이내 실망한 얼굴로 울상을 짓던 미경이는
자신이 먹을 것은 하나도 없다며 울상을 지었다.

미경의 얼굴에 실망의 낯빛이 사라지기도 전에
엄마는 배춧잎 사이사이를 뒤지시더니 무언가를 꺼냈다.

그것은 바로 큰딸 미화가 군침을 삼키며 바라보았던
보석처럼 반짝이는 빨간 얼굴의 사과, 홍옥이었다.

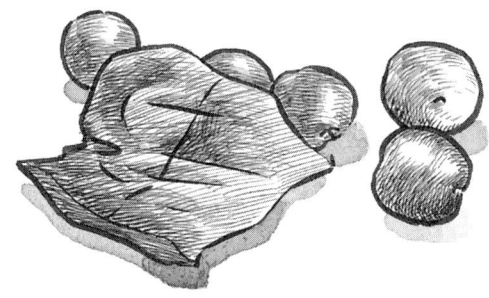

언제나처럼 엄마의 보따리엔 아빠 것과 엄마 것을 뺀

여섯 개의 무언가가 담겨 있었다.

자식 앞에서만은 언제나 배가 불러서 못 먹겠다는 부모님…….

그러기에 착한 명호는 늘 자신의 간식을

부모님께 먼저 드리곤 했다.

결국 엄마, 아빠는 조그맣게 한 입 베어 물고는

"내 입맛이 아니다." 하며 억지 손사래를 치시고

다시 명호 손에 그 무언가를 안겨 주곤 하셨다.

철부지 미경이는 한껏 신이 난 얼굴로

제일 큰 사과 한 개를 골라 두 손 가득 집어 들었다.

사과를 쥔 두 손을 하늘 높이 쳐들고

동그랗고 예쁜 게 자기랑 똑같다며

마냥 행복해하고 있었다.

저리도 먹고 싶은 것을,
저리도 좋아하는 것을…….

엄마는 춤추는 미경이를 뒤로 하고 부엌으로 달려갔다.

어느 집에선가 연탄불 석쇠에 굽는 갈치 냄새가
굴뚝을 타고 와룡동 작은 산마을 골목마다 흘러 들었다.
미경이네 방 안까지 흘러 들어온 고소한 갈치구이 냄새는
아이들에게 참기 힘든 고문이자 행복이었다.

"배고프다. 맛있겠다."

부엌에서 무언가를 만들고 있는
엄마의 도마질 소리는 무척이나 빨랐다.

미화가 수돗가로 달려가 깨끗이 씻어온
뽀드득거리는 빨간 홍옥이
백설공주의 거울처럼 빛나고 있을 때,
무거운 연장을 멘 아버지의 다정한 목소리가 들려왔다.

"명호야! 미화야, 미경아, 미숙아! 미영아! 명진아! 아빠 왔다!"
자식들의 이름을 하나하나 다정하게 불러 주시던 사랑 가득한 아버지이기에 어려운 살림에도 이렇듯 육남매를 두었으리라.

아빠가 하루 동안의 고단한 땀방울을 서둘러 씻어 내실 동안
부엌에 계신 엄마의 도마질 소리는 더욱 빨라지고 있었다.

"오늘 용산시장을 다녀왔구료."
아빠는 부엌 한구석에 쌓여 있는 배춧잎을 바라보셨다.
그러고는 금세 미안한 표정을 지으셨다.
어느새 구수한 시래기 된장국 냄새와 아이들의 행복한 웃음소리가
좁은 방 안을 가득 메우고 있었다.

"언제쯤 당신을 최고로 행복하게 해줄 수 있을까……."
조용히 밥상을 바라보는 아버지의 눈가에
땀방울 같은 무언가가 반짝거렸다.

"역시 엄마가 끓여 주신 시래기 된장국 맛이 최고예요!"

명호가 아빠와 함께 뜨거운 국물을 삼키며 말하고 있을 때
휘영청 떠오른 보름달이
빨간 홍옥처럼 향기로운 산마을을 오래도록 비추고 있었다.

여보, 기억하오?

젊은 날 아름답고 순수했던 우리들의 그 시간들 말이오.

그때 당신은 세상 누구보다도 아름다웠다오.
보잘것없는 내게 당신을 보내 주신 하나님께
나는 감사의 기도를 한 번도 잊은 적이 없다오.

못난 나를 믿고, 힘든 환경 속에서도
우리 육남매와 함께 미소를 잃지 않고 살아 준 당신.

하지만 갑작스레 먼저 먼 길을 떠나버린 당신이기에
평생 고생만 시킨 나는 고맙다는 말을, 미안하다는 말을 전하지 못한 것이
가슴에 한으로 남았구려.

당신을 힘들게만 한 나이기에
주님은 사랑하는 당신을
더 이상 이 세상에 둘 수 없었나 보오.
무능한 나를, 부족한 나를 용서해 주는 거요?

여보,
당신이 그토록 좋아하던 고향의 노란 배추꽃이
천국에도 가득하오?

내 다시 당신 만나거들랑 다시는 시들지 않을
영원한 사랑의 배추꽃을
가슴 가득 안겨 주리다.

더욱 사랑하리다.
다시는 그 고운 손 놓지 않으리다.

그날, 우리 다시 만날 때까지
그때까지 여보, 부디 잘 지내시오……

작가의 말

『와룡동의 아이들』.

이 책 속에 등장하는 '와룡동'은 내가 유년 시절을 보낸 작은 산동네의 이름이다. 세 살부터 열한 살까지, 인생의 첫 기억들이 깊이 새겨진 그곳은 지금의 서울 종로구 명륜동 3가, 와룡공원이 있는 자리다.

1970년대 초, 새마을운동이 한창이던 시절. 그 무렵 우리 집을 시작으로 마을 전체가 철거되었고, 이후 그 자리에 나무들이 심겨 와룡공원이 조성되었다. 우리의 옛집은 흔적도 없이 사라졌고, 작은 터만이 공원의 일부로 남아 있다.

서울 삼청동 산자락 아래, 아카시아 꽃향기가 아이들 가방 속까지 스며들고, 아이들 발목에는 울긋불긋 낙엽이 쌓이던 동네.

다정한 이웃들이 옹기종기 모여 이마를 맞대고 하루 종일 이야기꽃을 피워도 할 이야기가 늘 남아 있던 그 따뜻한 달동네.

그 시절, 사랑 가득했던 부모님, 형제자매, 코흘리개 친구들이 문득 그리워질 때면, 나는 어느새, 철거되어 공터가 되어버린 그 작은 산마을, 나의 고향 와룡동을 습관처럼 찾아 오른다.

그곳에 가면 어디선가 엄마의 다정한 음성이 들릴 것만 같다.

"미경아, 명호야, 저녁밥 먹어라!"

또 고사리손 마주잡고 놀던 시꺼먼 친구들도 이마에 땀방울을 반짝이며 금방이라도 달려올 것만 같다.

가난 속에서도 찔레꽃처럼 소박한 향기로 웃음을 잃지 않으셨던 어머니. 그러나 우리가 다 크기도 전에 하늘나라로 먼저 떠나셨고, 그 어머니를 너무도 그리워하시던 아버지도 세월이 흘러 이제는 어머니 곁에 계신다.

세상이 아무리 변해도 변하지 않는 사랑. 그 시린 가슴으로 자식을 품어 안아주시는 세상의 모든 부모님께, 그리고 별들을 모른 채 회색빛 담장 안에서 바깥놀이를 잃어버린 젖은 날개의 아이들에게 이 책을 전하고 싶다. 또한 어린 시절, 가난을 통해 따스한 형제애와 부모님의 사랑을 가르쳐주신 영원한 나의 주님께 깊은 감사를 드린다.

이 책이 사랑하는 나의 가족들과 친구들, 이웃들, 그리고 이 세상에 태어나 한 번은 어린이였던 모든 어른에게 겨울날 국화빵 같은 포근한 사랑으로 전해지기를 바란다.

나는 다시 태어난다 해도, 그때도 변함없이 영원한 '와룡동의 아이'이고 싶다.

전하리

추천의 글

50여 년이라는 시간이 흘렀건만,
그 맑고 순수했던 시절이
아직도 마음 깊이 아련하게 떠오릅니다.

유리알처럼 투명했던 우리들의 눈망울,
아카시아 향이 가득하던 골목길,
그리고 늘 우리 곁을 지켜주시던
부모님의 따뜻한 사랑이 그립기만 합니다.

넉넉하지 못한 삶 속에서도
한없는 사랑으로 우리를 품어주셨던 아버지,
눈빛만으로도 사랑을 건네주시던 어머니의 따스한 손길.
그 사랑이 있었기에 우리는
언제나 웃을 수 있었습니다.

아… 정말,
다시 돌아갈 수만 있다면,
와룡동 골목 끝,
부모님의 사랑이 기다리던 그 집으로
달려가고 싶습니다.

- 언니 미화

추천의 글

세상에서 가장 그리운 이름, 어머니.
1970년대 어느 겨울,
첫눈이 소리 없이 내리던 그날이 아직도 생생합니다.
어머니의 경제적 시름을 덜어드리고 싶어
모아둔 용돈으로 호외 신문을 팔아 연탄 두 장을 사서 집으로 돌아왔을 때,
눈 내린 마당을 버선발로 달려 나와
저를 꼭 안아주시던 어머니의 품이
세월이 갈수록 애절하게 그립습니다.

전하리 작가는 마치 타임캡슐처럼
우리 가슴 깊은 곳의 기억을 불러내어
잊고 지냈던 그 시절의 감성을
마치 기도하듯 조용히,
우리 마음속 깊은 곳에 되살려 주셨습니다.

『와룡동의 아이들』은
그 시절, 가난했지만 따뜻했고,
서러웠지만 행복했던 우리의 이야기를
다시금 품게 만드는, 눈물 나도록 아름다운 책입니다.

- 오빠 명호